JN082005

1日15分の読み聞かせが本当に頭のいい子を育てる

1日15分の
読み聞かせが

本当に頭のいい子を育てる

齋藤 孝

マガジンハウス

はじめに

ドロシー・バトラー『クシュラの奇跡——140冊の絵本との日々』という本をご存じでしょうか。障害を持って生まれたクシュラが、絵本の読み聞かせによって、豊かな世界に開かれていく、感動的なプロセスが描かれています。

絵本の読み聞かせには、とてつもない力があります。

現代は変化の激しい時代です。

新型コロナウイルスの世界的流行のような予測不能な事態も起こります。

知識を着実に身につける伝統的な学力とともに、変化に対応できる柔軟な新しい学力が必要になってきています。

一言でいえば、「本当の頭のよさ」です。

これは、**自分の足で立って、自分の頭で考え、自分の手で幸せを掴みにいく力**です。

私は教育を研究してきた者として、子どもたちが**どうしたら、変化の時代を強く生き抜けるか**について考えてきました。

変化に強いとは、**変化に対応するしなやかさ**を備えているということ。

新しいことに一歩を踏みだす勇気と判断力、同時に、どんな社会になろうとも、人間社会である以上、**協調性やコミュニケーション力**は必須です。

他者に対する優しさ、思いやり、また、学力の基盤となる**国語力、読解力**はすべての力の源となります。

どんなに社会が変化し、価値観が変わろうとも、**自分の力を発揮して生きていける、明るくたくましく、世を渡っていける子＝本当に頭のいい子**を、どう育てていけるか。

その鍵は、**幼児期の7年間をどう過ごすか**だと、私は考えています。

いろいろな早期教育が流行していますが、私は絵本の読み聞かせこそ、幼児教育の中心に据（す）えるにふさわしいものと考えています。

本当は1日30分の読み聞かせを推奨したいところですが、習慣化がより大事なので、**毎日の15分**をオススメします。もし30分時間をとれるなら、ぜひそうしてください。

なぜ、絵本の読み聞かせに私がそこまでこだわるか。

それをこれからお話ししていきましょう。

幼児期は子ども時間の流れに身をまかす

「7歳までは神のうち」という古くから伝わる言葉があります。

生まれてから7歳になるまでの子どもは「神さまから預かりもの」という意味です。

そこには「神さまのように大切な存在」であり、さらに「まだ神さまに近いため、いつ神さまの元に戻る（亡くなる）かわからない〝儚い〟存在」だという意味もあります。

その昔、医療が発達していない時代、子どもが生まれても幼くして病気などで命を落とすケースは決して少なくありませんでした。それを、「預かっていた子どもを神さまにお返しした」と捉えていたといいます。

7歳まで無事に育った子どもは、そこでようやく人間の世界にしっかりと命の根を下ろすのだと。

子どもにとって、いえ人間にとって、**「7歳」という年齢は〝人として生きていく〟ための大きな節目、境目**だと考えられていたのです。

現代社会においても、子どもがちゃんとした〝人になる〟ための節目は「7歳」頃、つまり小学校入学のあたりにあると私は考えます。

だから小学校に上がるまでの、**0歳から6歳くらいまでの時間はギフトのような時間**として考えるとよいのではないでしょうか。

そこでは、忙しい大人たちの時間とは違う、密度の濃い**子ども時間が流れています。**

読み聞かせの時間は親子で共有

大人は、つい、ものごとを効率で考えてしまいがちです。

そのため大人と同じように、「時間どおりにできる」「早くできる」「効率よくできる」ことを成長と考え、つい「早くしなさい」「いつまで◯◯してるの」「急いで」と子どもを〝追い立て〟てしまいがちです。

たしかに、「ものごとをテキパキできる」ことは大切で、いずれ子どもが身につけなければいけない素養ではあります。

でも、それは小学校に入ってから始めるくらいでちょうどいいのです。

小学校までは、**いかに心豊かに過ごせるか**。そちらを優先したほうがいいのです。

大丈夫。

「ゆったり」と豊かに心が育っていれば、「テキパキ話す」「テキパキ食べる」「テキパキ支度をする」は後からちゃんとついてくるものです。ある時期を迎えると、子どもは途端に成長するものなのです。

それまでは、「ほかの子の2倍時間がかかる」でもまったく問題ありません。

むしろ、子どものゆったりのんびりペースに、時間が許す限りは、親御さんが合わせてあげてほしいのです。

できるだけ子どものペースを尊重する。

そして同じペースを親もいっしょに楽しむ。

そうすれば、子どもも追い立てられるような気持ちを持たなくて済みます。**子ども時間を存分に過ごすことができる**のです。

絵本の読み聞かせは、なかでも、**親と子がいっしょに過ごす貴重な時間**です。

読み聞かせのときに早口になる人はいません。

ゆっくり、ゆったり伝わるように、絵本の世界を親子で共有します。

それは、そのときしか成り立たない大切な贈り物の時間なのです。

〝目覚めたまま見る夢〟の効用

子どもにとって絵本を読んでもらっている時間は、ふんわりとあたたかくてやわらかい布団のなかで〝半分夢を見ている〟ようなもの。**絵本がもたらしてくれる〝目覚めたまま見る夢〟のなかで、子どもは確実に成長しています。**

読んでいる途中で「う～ん」と何かを考え込んだら、答えを急かさずにゆっくり次のひと言を待つ。もう一度見たいページを探し始めたら、見つかるまでいっしょに探す。あくまでも子どものペースで。

存分に、絵本の世界で遊ばせてあげてください。子どもはそうした時間に、力を蓄えています。

植物はある日突然芽を出します。種を蒔いたことを忘れてしまうくらい、長い期間、土のなかで必要な水分と養分を吸収した種は、準備が整った瞬間、ヒョッコリと芽を出します。そしてにょきにょき生長を始めます。

土のなかでじっとしている時間は、何も起きていないように見えて、大きなことが起きているのです。

ときに、もどかしく感じられるものですが、まずは親御さんがどっしり構えて、**とにかく、子どものペースを守ってあげること**です。**子ども自身の時間を過ごすこと**が、その後の成長の糧となります。

親子のコミュニケーションが土台となる

親子がひとつの絵本を見る。

同じ言葉に触れて、同じ絵を見て、同じ物語の世界に身を置く。

そこで生まれる感情を分かち合う。

絵本の読み聞かせは親子に、密度の濃いコミュニケーションをもたらします。

子どもが、迷子になった主人公になりきって困っていたら、「困ったね。どうするのかな」と声をかける。それだけで子どもは「お母さんも同じ気持ち」と心のつながりを感じとるもの。

こうした**気持ちのつながりの確認が、子どもの生きる力を育てます**。

大人になって「ここぞ」というときに踏ん張れる力を発揮できるかどうか。

これには、幼児期にこうしたつながりを持っていたかが関わっています。

誰かと確実につながってきた感触は、幹となってその後の人生を支えます。物語の内容だけでなく、絵本を読んでくれる声からも、抱っこされている肌の温もりからも、子どもは親の愛情を感じとります。

読み聞かせは子どもを絵本の世界に導くためだけのものではありません。**親子が互いに愛情を伝え合い、触れ合うための時間なのです。**

だからこそ、「絵本を読んでもらった幸せな時間」は、子どもにとって何ものにも代えがたい財産になるのです。

絵本の世界で過ごす時間

私は、生まれたばかりの赤ちゃんへの読み聞かせも推奨しています。言葉はもちろん描かれている絵ですら理解できないのに、と思うかもしれません。

たしかにそうですが、それでも読んであげていただきたい。

物語の内容はわからなくて当たり前。

大事なのは、早くから絵本を介して親子のコミュニケーションをとることです。

お母さんやお父さんが抱っこしてくれて、ニコニコしながら絵本を読んでくれる。いろいろと話しかけてくれる――そうした時間をつくることが大切なのです。

いっしょに読んだ絵本の世界は、親子の共通言語になります。

共有した時間や経験が多ければ多いほど、絵本の世界で過ごした時間が長ければ長いほど、芯の強い、どんな変化の時代にも強い人間が育つのです。

絵本の世界で体験する心の動き、感情の表れ、その自覚といったものが、人間の芯を育てる。

いい絵本に勝る教材はないといって過言ではありません。

さて、ここからは、幼児期の子どもに対して絵本がどれだけのいい影響を及ぼすか、具体的な効用について順に説明していきましょう。

なお、本書で触れる絵本のタイトルは太字にしており、巻末の「おまけの絵本リスト」にも加えています。リストから逆引きする読み方もオススメです。

もくじ

第3章 こんなふうに読み聞かせてきた

第 1 章

絵本に勝る教材なし

「人としての基本」がすべてある

1 他のものに「なりきる」ことで情緒が育つ

幼児期の情緒育成が学力の基盤になる

私自身が自分の子どもを育ててきた実感としていえるのは、**子育ては「情緒」の育成から始まる**ということです。ここでいう情緒とは何か。心といいかえることができます。**「相手の気持ちがわかる、相手を思いやる」心のこと**です。

2歳児、3歳児の頃から英会話を習わせる、有名幼稚園や小学校に入るために塾に通わせるなど、子育てにもさまざまな考え方やアプローチがあるでしょう。

ただ、「三つ子の魂百まで」という言葉があるように、その人の性格や個性といった人格は、小学校就学前くらいまでの幼児期に形成されると考えられています。

この時期に目で見たもの、耳で聞いたもの、手で触ったもの、心で感じたものが、その子の人となりに大きな影響を及ぼすことになります。

孔子は『論語』に「己の欲せざる所、人に施すこと勿(なか)れ」という言葉を残しました。自分がされて嫌なことは人にしてはいけないという意味です。

相手が嫌なことがわかるというのは、相手の気持ちがわかるということ、すなわち、何をやると人を傷つけてしまうかを想像できる。何をやっていいか、何をやってはいけないか、善悪をしっかり判断できる＝道徳心が身につくということでもあります。

つまり、**心を育てるということは、豊かな感情と道徳心を育てることであり、〝人としての基礎〟を形づくる**ということなのです。

早くから読み書きや英語を学ばせることを全否定はしません。

しかし基礎が欠損したまま学力だけを積み重ねても、身についた学力や〝頭のよさ〟が〝悪い武器〟としてマイナスに機能してしまうことが往々にしてあります。

人としてすべきこと、すべきではないこと。幼児期はそうした道徳の心を耕す時間としてとらえるとよいでしょう。学力はその延長上に培われてこそ〝よきに働く能力〟となるのです。

情緒は「自分以外の他者になりきる」ことで育つ

では、「相手の気持ちがわかる、相手を思いやる」心はどう育てればいいのでしょう。

それは「**自分以外の〝他のもの〟になってみる**」という経験が元になります。

幼児期の子どもたちはよく「ごっこ遊び」をします。お母さんの真似をする「おままごと」やお医者さんごっこ、お店屋さんごっこ、特撮ヒーローごっこ――。

子どもたちはそのなかでさまざまな〝自分以外の人〟になりきり、その人のふりをして行動し、言葉や考え方を真似る。読者のみなさんにも懐かしい思い出があるでしょう。

大人からすればたわいもない「ごっこ遊び」ですが、幼児期の子どもにとって「自分以外の他者」になりきる経験は、重要な意味を持ちます。

たとえば、ままごとでお母さん役を演じる子は「こんなとき、ママならどう考えるか」「ママなら何ていうか」を考えるきっかけになります。お父さん役の子なら「パパの気持ち」を、お医者さん役なら「医者の気持ち」を想像し、考えながら遊ぶ。

自分が自分以外の他者になりきることで、子どもたちは「他者が自分とは違う考えを持っている」ことを学びます。さらにそこから、**他者の気持ちを「想像し、理解し、認め、思いやる気持ち」**が芽生えてくるのです。

ごっこ遊びとは「他者視線でのロールプレイ」といってもいいでしょう。

そもそも幼児期の子どもは自己中心的で、他者の気持ちになって考えることができないもの。「ほしい、ほしい」といっては床を転げ回り、「嫌だ、嫌だ」といっては駄々をこねるのは、小さい子どもの専売特許のようなものです。

そう考えれば、**視点を他者に移して「なりきる」ことによって、幼さゆえの自己中心性から脱するプロセスが子どもの「心の成長」ともいえます。**

子どもたちにとって、ごっこ遊び以上にたくさんの「自分以外の何かになりきる経験」をもたらしてくれるもの、それが「絵本」なのです。

幼児期ゆえの「没入できる力」

絵本の素晴らしさは、描かれたフィクションの世界を**想像のなかで体験できる点**にあります。子どもたちは絵本を読むたびに主人公という「他者」と自分を一体化して、同じ気持ちで喜んだり、悲しんだり、出会いや別れを経験したり、ドキドキワクワクしたり、困難を乗り越えたりと、物語の世界に入り込んでいきます。

こうして一時、**現実を離れ、自分自身からも離れ、絵本のなかに没入して疑似体験を積み重ねることが、心の成長に欠かせないプロセスとなります。**

幼児期の子どもの持つ〝フィクションに入り込む力〟には目を見張るものがあります。

『どろんこハリー』を読めば、お風呂の大嫌いな白犬ハリーのいたずらに目を輝かせるし、

『すてきな三にんぐみ』のページを開けば、怖そうに見える三人組のおじさんたちの世界に即、ワープします。

こうした特別な能力は幼い子どもだけに授けられた〝特権〟なのです。

昔、4歳頃の息子にほんの冗談で「そういえば昨日、スーパーにキリンさんが来てたよ」といったことがあります。

すると息子は「え、何で呼んでくれなかったの！」と自分が見られなかったことをすごく悔しがるんです。そこからはもう質問攻めです。

「そのキリンは、首が長かった？」「すごく長かった」「じゃあ本物かも」

「黄色かった？」「黄色っぽい模様だった」「じゃあ、本物だ」

「キリンさんとお話ししたかったな」「えっ」「また来るかな」「えっ」

息子の頭のなかでは、絵本で見た「キリンさん」がそのままやってきたというイメージになっている。本気で近所のスーパーに来たと思い込み、今度来たときは言葉を交わしたいと考えているのです。

また、あるとき突然、4歳くらいの女の子から「私の名前はアンパンマンです」と話しかけられたことがありました。そして、隣にいる少し年上で6歳くらいの女の子を指さして、「私のお友達の食パンマンです」と紹介してくれました。

幼い女の子のほうは本気も本気。アンパンマンの世界に入り込んで主人公になりきっているのですが、紹介された〝食パンマン〟の子は、頬を赤らめてうつむいている。私はもう、本気で自分を食パンマンだなんて思ってないんだけど――と恥ずかしがっているんですね。

4歳と6歳、わずか2年ほどの年齢差によって、子どものフィクションとの向き合い方、その世界への〝入り込み度合い〟は大きく変わります。没入できる力は、年齢を重ねるにつれて弱まっていくのです。

「キリンが店に来るはずないよ」

「キリンはしゃべれないよ」

「アンパンマンって想像のお話だよね」

そんな分別が備わってくる。もちろん、それは成長の証しでもあります。

だからこそ、何も疑わずにフィクションの世界に入り込める年齢の頃にたくさんの絵本に触れ、疑似体験と他者視線によって情緒を育てることが大切になります。

幼児期の特権である「無邪気に他者になりきる経験」が、人としての基礎を培うのです。

2 言葉と出会う

絵本は「美しい言葉」の宝石箱――言葉と出会い、心を育む

私たち人間は言葉を持っています。言葉で考え、言葉で心を表現し合い、言葉で気持ちを伝え合います。**言葉が豊かになれば、心も豊かになる。言葉を知り、言葉と出会う**ことは、**人が人らしく生きるための基本**でもあるのです。

絵本でなくても子どもが言葉と出会う機会はいくらでもある、という考えもあるかもしれません。たしかに現代社会には言葉が溢(あふ)れています。テレビでも、映画やアニメでも、インターネットの動画でも、あらゆるところに多種多様な言葉が存在しています。

ただ、今の時代はとくに乱暴で粗雑な言葉、ストレスを生む言葉、心をすさませる言葉が飛び交い、むしろそうした言葉のほうが注目を集めやすい傾向があります。世のなかで交わされる言葉のすべてが、子どもの心にとって〝栄養〟になるわけではないのです。

その点、絵本には「**美しい言葉**」「**やさしい言葉**」「**あたたかい言葉**」「**洗練された品位ある言葉**」が満ち溢れています。

宮沢賢治作の『**やまなし**』という作品には「クランボンはかぷかぷわらったよ。」という会話が出てきます。「クランボン」というのは何だろう？「かぷかぷわらった」というのも、どんな意味でしょう？ 聞いたこともないような日本語が並んでいるのですが、その言葉の響きの美しさは大人も子どもも惹き付けられます。

こうした**絵本ならではの美しい言葉の世界**に、なるべく多く触れさせてあげてください。子どものときにしかない感性で、なるべくたくさんの美しい世界を経験するとよいでしょう。

説明や状況描写などが書き込まれる小説などと違い、絵本では、使われる言葉の数は限られています。選び抜かれた言葉、作家が子どものために考え抜いて厳選した言葉の世界に踏み入っていくことができるのです。

子どもは言葉といっしょに心や感情、感性などを体得していくもの。

美しい言葉は心に豊かさをもたらします。

すぐれた絵本は、〝言葉の宝石箱〟。それは子どもに大きな栄養を与えてくれるのです。

体で感じる言葉の響きも心を豊かにする

言葉は意味や内容を伝えるだけのものではありません。**「音」としての響きやリズムにも美しさや楽しさが存在**しています。聞いていて心地よい言葉、聞いているだけで心が躍る言葉もまた、「美しい言葉」の要素のひとつなのです。

〝長過ぎる名前〟で有名な古典落語をベースにした『**寿限無（声にだすことばえほん）**』という絵本を以前、出版し、私が総合指導をしているNHK・Eテレ「にほんごであそぼ」でもずっととり上げています。

この絵本、お話自体もおもしろいのですが、それ以上にまず「じゅげむ　じゅげむ　ごこうのすりきれ　かいじゃりすいぎょの――」という言葉（名前）の響き、そしてリズムがいいんです。

おめでたい言葉をこれでもかと詰め込んで羅列したこの長い名前を読んでいるだけで、何だか楽しくなってくる。ひとつひとつの言葉の意味はよくわからなくても、なぜだか言葉が耳にしっくり馴染んでくる。だから、何度も口に出していいたくなる。なかには、おもしろがってすべて覚え、暗唱できるまでになる子もいました。

「じゅげむ、じゅげむ――」という言葉は、「心をあたたかくする魔法の呪文」的な響きを持っているのでしょう。

響きだけでも心が穏やかになってくる。心地よいリズムで胸がワクワクしてくる。

すぐれた絵本には、そうした「詩的な美しい響き」「心が躍るような楽しいリズム」を併せ持つ言葉がたくさん登場します。また普通の言葉だけでなく、子どもの想像力を膨らませてくれるおもしろい擬音語やユニークな擬態語もあちこちにちりばめられています。

『もこもこもこ』『じゃあじゃあびりびり』『がたん ごとん がたん ごとん』……このあたりの絵本は0歳児からいっしょに楽しむことができます。

水が流れる音や紙が破ける音。汽車がやってくる音。謎の生き物が現れ大きくなっていく音。音を聞くだけで、想像力はどんどん広がります。

子どもの想像力は大人以上です。

日本語の豊かな世界を絵本を通じて知ることができる。それも、親御さんによる音読を通じて耳と目で経験することによって、子どもは未知の世界をまるごと体で感じとることができるのです。

豊かな日本語の世界を子どものうちに山ほど知る。それが、その後の成長に大きく役立つのです。

子どもの言葉センサー

子どもは美しい響きやおもしろい響きの言葉に出会うと、何度も繰り返していいたくなるものです。「にほんごであそぼ」では「言葉の響き、リズム」を大切にして、さまざまな言葉をとり上げてきました。

たとえば、種田山頭火の句から、〈まっすぐな道でさみしい〉とか〈分け入っても分け入っても青い山〉とか。

中原中也なら〈汚れつちまつた悲しみに　今日も小雪の降りかかる〉とか、『サーカス』の詩にある〈ゆあーん　ゆよーん　ゆやゆよん〉というフレーズとか。

夏目漱石の一節やシェイクスピアの言葉もあります。

意味はわからなくても、声に出したときの響きに美しさやおもしろさや楽しさを感じると、子どもたちはその言葉を何度も読み、繰り返し唱え、やがて見事に覚えてしまうのです。

こうした現場での経験で感じるのは、子どもたちの美しい言葉や楽しい言葉に対するセンサーの鋭さです。

名作と呼ばれ、文学的なクオリティの高いとされる作品の言葉やフレーズには、子どもながらに、直感で「これがいい」「これはおもしろい」と感じるものがあるのです。子どもたちは、自然にその魅力を感じとるのでしょう。

『平家物語』の〈祇園精舎の鐘の声　諸行無常の響きあり〉や、『枕草子』の〈春はあけぼの。やうやう白くなりゆく山ぎは　すこしあかりて〉といった古典文学をとり上げても、子どもたちのセンサーは敏感に反応します。

「何かいいい！」と、直感が働くのです。

もちろん、言葉の意味をすべてわかっているわけではありません。それでも、そうした一節を聞かせると、子どもたちはその言葉の響きやリズムに魅入られて「覚えたい！」「いいたい！」と盛り上がるのです。

番組には視聴者から、「5歳の○○です。祇園精舎、行きま〜す」「4歳の息子が『春はあけぼの』を暗唱します」といったビデオ動画が数多く送られてきます。

年齢を重ねて学校で勉強すると「つまらない」「面倒くさい」と思うかもしれない古典文学も、子どものまっさらな気持ちで向き合うと、言葉の響きやリズムを純粋に「美しいもの」「楽しいもの」として捉えられるのです。

フィクションの世界に入り込む力と同様に、美しい言葉やおもしろい言葉に素直に反応できる真っ直ぐな感性は、幼児期だからこその特別な才能です。

本物に出会う経験は、多ければ多いほどいい。

豊かな言葉で綴られたすぐれた作品と、たくさんの出会いを重ねてほしいものです。

3 絵と色に出会う

知らない言葉の意味も「絵」でイメージできる

当たり前のことのようですが、絵本のいいところは言葉だけでなく「絵」が描かれているという点にあります。

たとえば大人になって語彙力や読解力が備わってくれば、小説のように「言葉」を頼りにストーリー展開を追いかけ、その世界に入っていくことができます。でも、そうした力がまだ身についていない幼児期の子どもの場合、なかなかそうはいきません。

絵本なら、言葉だけでなく「絵」を手がかりに、物語の世界に飛び込んでいくことができます。

たとえば、言葉を知らない子どもに「船が氷山にぶつかりました」と言葉だけで説明してもピンとこないでしょう。そもそも「氷山」が何かわからないのですから。

でも、そのページに「氷の山」のような絵が描かれていれば、「これが『氷山』というものなんだな」と想像がつきます。知らない言葉に出会っても、その意味合いを絵によって補うことができる。子どもは絵本の文字以上に、描かれた絵を「読んで」います。

『ひとまねこざる』や**『リサとガスパールのであい』**は世界の子どもたちが支持する人気シリーズです。両方ともいたずらっこの主人公がさまざまな場所に出かけ、新しい経験を繰り返します。まだ多くのことを知らない子どもは、絵本を通じて、見たこともない場所、行ったこともない場所を知ることができるのです。

絵本は、子どもたちにとっての「どこでもドア」のようです。

また、絵があると絵本の世界観をより明確にイメージができます。森にいるくまさんの絵を見ながら、「くまさんは急いで逃げだしたよ」という言葉を聞いたら、子どもは「くまが一目散に逃げ去っていく光景」を想像するでしょう。

もちろん絵本の絵は静止画ですから実際には動きません。

それでも子どもは頭のなかで、自分のイメージしたようにクマを動かします。実際にページに描かれている絵をベースにしつつ、想像力で動かない絵に動きをつけてイメージを補いながら読む。つまり、「**絵を頭の中で動かして**」いるのです。

絵が動いて展開していくアニメと違い、絵が動かない絵本の場合は展開の半分を子どもが自分でイメージする必要があります。**半分与えられ、半分は自分で補う。**

子どもたちは頭をフル回転させて想像する。

こうした刺激が、**成長に大きなプラスの影響を与えるのでしょう。**

美しい絵や色彩に心を奪われる

絵本を通じて私たちは美しい絵や美しい色彩と出会うことができます。

たとえばいわさきちひろさんの絵本。

いわさきちひろさんが描く儚げな線画と美しい色彩は、大人も子どももとりこにします。

本書の後半に挙げた『**にんぎょひめ**』や『**つるのおんがえし**』はさまざまな人が絵を描いていますが、いわさきさんの絵は格別に美しく、情緒豊かです。

（有名な昔話は、幾人もの書き手・語り手が作品化してきました。作品によって、絵のタッチも、お話の展開もさまざまです。いろいろ手にとって、読んでみるのもよいでしょう。）

絵本の世界は子どもが最初に絵画的な「色」に出会う場でもあります。ピンクはピンクでも、濃淡によってサーモンピンク、バイオレットピンクなど、多彩な色があります。一言でピンクといえども、何種類もあることが、絵本を読んでいると自然とわかるようになります。

絵本を入り口に、子どもたちは多彩な色の世界で生きるようになります。

『はなをくんくん』という絵本があります。

この絵本は、全体が白と黒の優しいモノトーンで描かれています。が、最後のページにだけ、ある仕掛けがほどこされています。

黄色い花が突然ぽっと現れるのです。

ずっとモノクロの世界だったところに黄色い花が出現する、その美しさ。

美しさに触れて、心が動く。

そうした瞬間を経験することで、心はより動きやすくなり、きれいで美しいものにより反応できるようになります。

『もりのなか』という絵本をご存じでしょうか。こちらは表紙は茶色で、一見地味です。なかを開いてもほぼモノクロで、鬱蒼（うっそう）とした森のなかを歩いているような気分になります。いってしまえば、派手さや華やかさには欠けますが、こうした静かな色の世界も、子どもは食い入るように覗（のぞ）き込みます。

『ねないこだれだ』はさらに、暗い夜の世界です。

このように、絵本はさまざまな世界を子どもに見せてくれます。そのどれもが、子どもにとって大きな興味の対象となります。

色との出会いが、心の奥深いところを耕してくれるのです。

4 「知仁勇」、そして「笑」がある

人が人であるために——育てるべきは「判断力・思いやり・行動力」

孔子は『論語』のなかで、「知者は惑わず、仁者は憂えず、勇者は恐れない」と述べ、「知・仁・勇」という3つの〝徳〟が、人として非常に大事だと説いています。

「知」とは、何が正しいかを見極める常識や教養、判断力。
「仁」とは、やさしさや誠実さ、気遣い、思いやり。
「勇」とは、一歩踏みだす心、思いを行動に移す力を指します。

判断力のある人は物事の本質を見極める力があるので迷いがない。
誠実で思いやりのある人は、人にやさしくできるので憂いがない。
そして勇気がある人は恐れることなく行動することができます。
やさしくて行動力があっても「知」が足りない——世のなかの常識を知らなすぎる、ものごとの正誤が見極められない――と、それはそれで問題です。判断力も行動力もあるけれど、「仁」がなくて思いやりに欠ける人は、人に好かれず、いい人間関係も築けません。判断力も思いやりもあるけれど、「勇」が足りず行動力がない人は、ものごとを成しえることが難しくなります。

たとえばお年寄りが電車に乗ってきて座っているあなたの前に立ったとします。ここであなたに「高齢者には親切にする」という社会常識（知）、「立っているのは大変だから座らせてあげたい」という思いやり（仁）、そして「どうぞ」と声をかける行動力（勇）があれば、サッと立ち上がって席を譲るという〝人として為すべき行動〟がとれるでしょう。**「知仁勇」は人が人であるために不可欠なもの**であり、この3つの徳が備わっていれば、その人は〝**人間として大丈夫**〟ということです。

絵本の世界で育つ、子どものなかの「知仁勇」

絵本の読み聞かせは、幼児期の子どもの心に「知仁勇」の3つを芽生えさせるための有効なアプローチになります。

斎藤隆介さん（文）と滝平二郎さん（絵）による『**モチモチの木**』という絵本。

怖がりで泣き虫な男の子「豆太」が、病気になった大好きなおじいさんのために勇気を振り絞って、真夜中にお医者さんを呼びに表に飛びだしていくというお話です。

そこに描かれているのは、豆太がおじいさんを気遣う優しさ、臆病な自分を奮い立たせて夜の闇に飛び込んでいく勇気です。自分の弱さや困難をどう克服し、どう乗り越えていくかという豆太の心の葛藤であり、心の成長のプロセスです。

そこには人として欠かせない「知仁勇」が、自然な形で込められているのです。

このお話の最後に、おじいさんは豆太にこういいます。

自分で自分を弱虫だなんて思うな。
人間、やさしささえあれば、
やらなきゃならねえことは、きっとやるもんだ。

『モチモチの木』の世界に入り込んだ子どもは豆太になりきって、いっしょに病気のおじいさんを心配し、いっしょにお医者さんを呼ぶことに気づき、いっしょに夜の闇を怖がり、いっしょに勇気を振り絞ります。そして、豆太といっしょに**「優しい気持ちがあれば、怖**

くても勇気を発揮できる」ことを学ぶのです。

また、同じ斎藤隆介さんと滝平二郎さんには『**花さき山**』という名作があります。

主人公は、貧しい生活のなか、母親に「妹には着物を買ってあげて」といいつつ、自分はじっと我慢するような、妹思いの少女・あや。あやは、あるとき〝山ンば〟に出会い、「やさしいことをすると美しい花がひとつ咲く」と教えられるお話です。

そこには「**他者をいたわり思いやって行動すること**」「**誰かのために優しくできる美しい心を持つこと**」の尊さが、切なくも美しく描かれています。

絵本の世界を疑似体験し、主人公になりきってフィクションの世界を生きることで、子どもたちは「**正しいこと、すべきこと」とは何かを知ります。思いやりの大切さを知ります。**そして、**困難に立ち向かう勇気を試されます。**

そうした経験が、子どものなかに「知仁勇」の心を芽吹かせていくのです。

もう一冊だけ、「知仁勇」の絵本を紹介しておきます。『**ジャックとまめの木**』。定番です。

空に向かって伸びていく木をどんどん上っていくジャックの勇気。空の上でおにと対峙（たいじ）するジャックの知と仁。私は小さい頃、この話が大好きでした。どこまでも上っていくジャックの行動にワクワクしたし、そこから始まるジャックの冒険譚（たん）に心が躍りました。

心を躍らせながら、「知仁勇」を経験できる。

昔から読み継がれてきた絵本が素晴らしい所以(ゆえん)です。

昔話や童話が教えてくれる生きる知恵

『ジャックとまめの木』もそうでしたが、**『おおかみと七ひきのこやぎ』『三びきのやぎのがらがらどん』『三びきのこぶた』『はだかの王さま』『きたかぜとたいよう』**――。このあたりは絵本の定番。**誰もが知っている昔話や童話は欠かさないようにしましょう。**

なぜなら連綿といい伝えられてきた昔話・童話には、人が社会で生きていく上でどう考え、どう行動するべきかという教訓やヒントがしっかり盛り込まれているからです。

わかりやすいのが**『赤ずきんちゃん』**です。この話には「ペロー版」と「グリム版」があることが知られています。フランスの古い民話を詩人のシャルル・ペローが編集してまとめたのがペロー版。それをのちにグリム兄弟が再編集したのがグリム童話の**『赤ずきんちゃん』**です。

ペロー版は、赤ずきんちゃんがオオカミに食べられたまま死んでしまうという残酷で救いがない物語なのですが、グリム童話ではオオカミがやっつけられるハッピーエンドのストーリーに書き換えられました。日本で出版されている『**赤ずきんちゃん**』はグリム童話版が主流になっています。

このバッドエンド、ハッピーエンド両方の『**赤ずきんちゃん**』に共通しているのは「知らない人を簡単に信用してついていくと怖い目に遭う」「甘くてやさしい言葉に騙されてはいけない」という教訓が示されている点です。

そもそも、民話の『**赤ずきんちゃん**』では、少女を襲うのはオオカミではなく人間の男。はるか昔から、「男はオオカミだから、気をつけなさい」というのは親から娘への大切な教えだったのです。

今の時代でも若い女性がＳＮＳで知り合った男について行って犯罪に巻き込まれるような事件は起きています。どんな時代にも、甘い声で誘いをかけてくる〝悪いオオカミ〟はあちこちにいるわけです。

だから気をつけなければいけないよ――昔も今も、『**赤ずきんちゃん**』は子どもたちにそう教えてくれます。「お母さんだよ」といわれてもドアを開けちゃダメ。「知り合いのおじちゃんだよ」といわれてもついて行っちゃダメ――。

少女とオオカミの物語によって、自分の身を守るためにすべきことを学ぶのです。

定番とされる童話の多くは、こうした「教訓」とセットで語り継がれているのです。

こうした童話や昔話のストーリーには、教訓を示すための〝パターン〟があります。

とくに定番となっているのが、「――してはいけない」というパターン。その典型が昔話の名作、**『つるのおんがえし』**です。

「けしてみないでください」といわれていたのに、好奇心に負けて、自分の羽で美しい布を織る鶴の姿を覗き見てしまう老夫婦。「正体を知られたからには、もうここにいられない」と鶴は飛び去ってしまう――。

『つるのおんがえし』には、他者を思いやる優しい心の尊さと、そうした善行はいつか報われるという教訓に加えて、「約束を破ってはいけない」「約束を守らなければ、大切なものを失う」という教えも描かれています。

ちょっと怖い**『雪女』**の話も同様で、「私のことは誰にも話してはいけない」という雪女との〝約束〟を破った男性は、大切な妻を失ってしまいます。

こうした昔話を読み聞かせることで、**子どもの心に自然と、「しない」と決めたことはしない、約束したことは守るという意識が生まれてくるのです。**

同じ教訓を学ぶにしても、「ああしなさい」「こうしなさい」と親や大人から直接いわれるとなかなか身につかないもの。でも、絵本のなかで疑似体験しながら知った教訓は、子どもの心にしっかりと定着します。

絵本を通じてひととおり日本の昔話や外国の名作童話に触れておくことで、子どもの心に知仁勇の「知」に通じる「常識」や「社会通念」といったものが育まれていくのです。

子どもの心の育成に欠かせない「笑い」のエッセンス

知（判断力）、**仁（思いやり）**、**勇（行動力）**に加えてもうひとつ、子どもの心の育成に欠かすことができない要素があります。それが「**笑い**」です。

笑いには、脳の発達にプラス効果がある、副交感神経が刺激されてリラックスする、幸せホルモンが分泌されて幸福感を覚える――などの効用があるといわれます。

幼児期の子どもの心の育成にとって、笑いは大切なエッセンス。子どもだって「笑う門には福来る」――屈託なく笑うことで子どもは穏やかに落ち着き、幸せを感じて、物事に前向きな気持ちを育むことができるのです。

そして、絵本にも思い切り爆笑できるもの、思わず「クスッ」と笑みがこぼれるものなど、ユーモアたっぷりの〝笑える作品〟がたくさんあります。

0歳児から楽しめるのが**『いないいないばあ』**や**『おつきさまこんばんは』『だるまさんが』**でしょう。ページをめくるごとに、発見がある。それを赤ちゃんといっしょに楽しむことで、赤ちゃんは「自分が楽しんでいる」ことを感じます。

笑い声を出すことを通じて、大人はもちろんですが、赤ちゃんも幼児も皆等しく幸せを感じることができます。

昔からの名作で**『王さまと九人のきょうだい』**という中国民話の絵本も、まさにそういう一冊です。

この作品は、私も幼稚園の頃に読んで爆笑したことを今でもよく覚えています。

中国のある村に生まれた顔かたちがそっくりの9人兄弟が、無理難題を吹っかけてくる王様をやっつけるというお話。9人の兄弟はそれぞれが不思議な力を持っているのですが、その名前がおもしろい。

「ちからもち」「くいしんぼう」「はらいっぱい」「ながすね」「さむがりや」「あつがりや」「ぶってくれ」「きってくれ」「みずくぐり」——それぞれの得意なことが名前になっ

ているわけです。

「ちからもち」や「くいしんぼう」、すねが伸びる「ながすね」や潜水が得意な「みずくぐり」はわかります。「あつがりや」は寒くても平気、「さむがりや」は暑くても大丈夫というのも、まあいいでしょう。

でも「ぶってくれ」「きってくれ」って何なんだ、と。

「ぶたれても平気」「切られても平気」というのが〝得意技〟なのですが、「ぶたれるのなんてふつう嫌なのに、自分から『ぶってくれ』だって（笑）」と、そのネーミングのおもしろさに大笑いしたものです。

たわいもないことでもケラケラと無邪気に笑えるのも幼い子どもの〝才能〟のひとつです。**「笑う」という行為が、子どもの感受性を磨き、創造力や発想力を高めてくれます。**

何より、楽しく笑うことで心が軽やかになり、ご機嫌な気分になれるでしょう。**親子で絵本を読んで大笑いする。親子が同じ場面でいっしょに笑い合う。**そうした時間を持つことは、**子どもの心の安定にいい影響を及ぼします。**

私が大人になっても「ぶってくれ」で笑ったことを覚えているように、おなかを抱えて大笑いした楽しい絵本は、子どもの記憶にずっと残ります。
そうした本がたくさんあればあるほど、心は豊かに育まれます。

5 人といっしょに生きる尊さを教えてくれる

気の合う人といっしょにいる幸せ

いわずもがな、人間はひとりでは生きられません。

人と協力する。

人の力を借りる。

人から知恵を授けてもらう。

逆に自分も手や知恵を人に貸す。

さまざまに人と人は関わり合いながら、私たちは生きています。

もちろん、人間ですので、性格が合わないな、なんかうまくいかないという相手もいることでしょう。気の合わない人と最低限うまくやることも、社会に出れば必要かもしれません。

私は気が合う人、自分のよき理解者がまわりにいるかが、その人の幸せ度を左右するように考えています。**気の合う人、自分を理解してくれる人といっしょに生きる楽しさを、**

人生の最初に教えてくれるのが絵本です。

『ぐりとぐら』を読んだことのない人は少ないと思います。読んだことがない、もしくはどんな話かすぐに思い出せなければ、ぜひ手にとってください。大好きな人といっしょに時間を過ごす楽しさが伝わってきます。

同じく**『ずーっと　ずっと　だいすきだよ』**は、エルフィーという犬と僕のお話です。エルフィーのことが大好きな僕は毎晩のように「ずーっと、だいすきだよ」とエルフィーに話しかけます。

また、**『わすれられないおくりもの』**という作品は大切な人との別れを描きます。相手のことを想えば想うほど、死は悲しいことですが、絵本の世界は、その悲しみの乗り越え方までちゃんと教えてくれているのです。

人と協力することで大きな力を発揮できることも、絵本の世界はさまざまに表現してきました。

象徴的なのがロシア民話の**『おおきなかぶ』**でしょう。

「うんとこしょ　どっこいしょ」という掛け声とともに、集まった人たちが力を合わせてかぶを抜く。最後にスポーンと抜けるときのカタルシスは絵本ならではの手法で、力を合わせることの意味を伝えてくれます。

『スイミー』はどうしたら小さな魚が大きな魚に対抗できるのか、知恵をしぼるお話です。仲間とは違う特徴を持った魚が、その違いを生かす。今、求められている多様性（ダイバーシティ）もテーマになっています。

力を合わせる。知恵を共有する。長い人生のなかで、これから子どもたちが実践することになる**「人と共に生きる」醍醐味**を、絵本は描いています。

6 文化と心を継承する

心も常識も道徳心も受け継がれていく

私たちの「心」は、自分ひとりでつくるものではありません。人の心は、その人をとり巻く「文化」のなかで育っていくものなのです。

ハラハラと散る桜の花々を見ると、「美しく、儚い」と思うでしょう。そうした心の動きや情緒は、自分だけで身につけたものではありません。「桜の花の美しさや儚さ」を語り、表現するたくさんの文学作品や美術作品を知っているから、桜に対して特別な感情や情緒を持つのです。

ですから、私たちがもしチューリップの花びらの落ちる光景を見ても、そこには桜に対する「儚さ」とは少し違った感情を覚えるはず。「わびさび」という美意識や世界観が日本独特のものなのも、そうした**文化と心の継承があるからです**。

国によって文化は異なり、その国に生まれ育った人の心には、その国の文化が土台となった感情が受け継がれていく。心というのはその人ひとりのものではなく、連綿と受け継がれて形づくられているものなのです。

さらには「これはいいこと」「これは悪いこと」「こうしたら嫌がる」「こうしたら喜ぶ」「こんなときは助ける」「こんなときは叱る」といった**常識や道徳心なども、同じ文化で育った人たちみんなで共有されてきたもの**。だからこそ、それを**次世代へとしっかり継承していく**ことが大事。

子どもの頃から文化の土台に心の根を張ることが重要となります。「文化の継承」と「心の育成」の要素がたっぷり詰まっているのが絵本であり、絵本の読み聞かせこそが、昔から受け継がれてきた子育てのアプローチなのです。

絵本には、それぞれ独自の世界がある

絵と言葉が織りなす空想の世界——一冊一冊がすべて**固有で独自の〝世界〟**を持っているのも絵本の素晴らしさです。

ユニークで独特な世界観を持った物語もたくさんありますが、やはり、絵本の世界を形づくる最大の要素は、描かれている絵のテイストです。

以前、夏目漱石の名著『**吾輩は猫である**』の絵本を出版しました。物語の全文ではなく、

印象的な場面だけを抜粋したものです。私がとり上げる場面を選び、絵本作家の武田美穂さんに絵を描いていただきました。

できるだけ猫が登場するかわいい場面を選び、漱石のユーモアが伝わるように抜粋したのですが、何にも増して、武田さんの絵が素晴らしかったのです。

この絵本は、「猫だって笑わないとは限らない」といって猫が笑う場面で終わるのですが、その猫の笑った顔など〝すごくいい感じ〟なのです。

物語は原作のほんの一部分の抜粋ですが、武田さんのステキな絵によって、「漱石の『吾輩は猫である』ワールド」に仕上がっています。

わずかな抜粋でもワールドができる漱石もすごいけれど、それ以上に武田さんの絵本作家としてのセンスと技量、そして想像力が素晴らしい。やはり、絵本の世界は絵を描く作家によってつくられているのだと実感しました。

作家たちには個々にテイストやスタイルがあって、それぞれが独自の世界観を持っています。そのため、原作が同じでも描く人によって出来上がりが全く違うこともあります。

同じ物語を、さまざまな違うテイストで楽しめるのも絵本のおもしろいところです。

また、日本の絵本と外国の絵本を比べてみても、その違いがうかがえます。背景にある文化が違うからでしょうか、外国人の作家のセンスや想像力は、日本人とはどこか異なります。パッと見た感じで、「外国の作家が描いた絵本だろうな」とわかることもよくあります。

『フェリックスの手紙』という絵本は、フェリックスという名のぬいぐるみが世界中を旅する話です。旅先のロンドンやパリ、エジプト、ケニアなど世界中からフェリックスが手紙を送ってくるのです。切手の絵柄や、手紙に書かれている内容から外国の様子を知ることでき、世界の広さにわくわくすることでしょう。

『ブレーメンのおんがくたい』はグリム童話のなかでも有名な一編です。「おんがくたい」という響き自体が日本では馴染みがあまりありません。西洋の香りが漂う作品の世界を楽しんでもらえると思います。

日本の民話もいいのですが、見たことのない外国のお話は、子どもの想像力をぐんぐん広げてくれます。

モンゴル民話を描く**『スーホの白い馬』**という絵本は、日本人の作家によるものですが、ユーラシア大陸を颯爽（さっそう）と駆け抜ける馬と少年を描きます。衣服ひとつとっても、日本の絵本とは雰囲気が異なります。こんな広大な大地で生きる人たちがいる。そして私たちとは異なる文化や考え方に基づいて生きている。そうしたことも子どもは絵本から感じとるでしょう。

今日はあの扉を開けてみよう。明日はあちらにしよう。この世界はかわいらしくて好き。この世界は異国情緒にあふれていてワクワクする――。

さまざまなジャンルの絵本を読み、**体験に広がりを持たせる**ことで、子どもの感性は磨かれていきます。

絵本は目覚めながら見る夢――フィクションが心を整える

ドキドキワクワク、ハラハラゾクゾク、そんな胸躍る体験ができる――これもまた、絵本の世界ならではです。

子どもの頃にワクワクしながら読んだ絵本と聞かれて、私が思い出すのは『**アリババと40人のとうぞく**』という作品です。

「ひらけゴマ！」という呪文を唱えると洞窟の岩の扉がガーッと開くシーンに思わず「わぁー！」と声をあげたり、洞窟に隠された山のような金銀財宝の絵を見てうれしくなったり。

呪文の「ひらけゴマ」という言葉も変だし、話の後半では「ひらけムギ」とか「ひらけトウモロコシ」なんていうのも出てきて、違う呪文だと扉が開かないということも、おもしろく感じたものでした。

アリババの兄で欲張りなカシムが、盗賊たちがいない隙に、洞窟に忍び込もうとする場面では、「見つかっちゃうかもしれない」とドキドキしましたし、アリババと盗賊たちの対決では、召使い・マルジャーナの活躍にワクワクもしました。

アリババの家のドアに、盗賊によってつけられたバツ印を消したいのですが、それを消すのではなく、ほかの家にも同じバツ印をつけた工夫。思わず「天才！」と叫びました。

盗賊が隠れている大きな壺のなかにマルジャーナが熱い油を注ぎ入れる場面は残酷で怖かったし、逆に盗賊が「かわいそう」とも思いました。

怖がりながらも、日本の昔話とは全然雰囲気が違うアラビアンナイトな世界がおもしろくて目が離せない――。

こうして原稿を書いていても、あの絵本に描かれた場面が鮮明に浮かび上がってきます。読みながら感じたドキドキやワクワクもよみがえってきます。

『アリババと40人のとうぞく』を読んだ経験は、間違いなく今の私の血となり、肉となっています。

思いもよらない出来事に出会う。知らない場所に、見たことがないものに、したことのない挑戦に、心がときめく。

ワクワクと心が躍り、ドキドキと胸が高鳴り、スッキリと心が晴れる——。

絵本というフィクションの世界で子どもが味わう、こうした高揚感や爽快感、**驚き、ときめきやスッキリ感といった感情は、心が大人へと成長するために欠かせない大切な〝栄養素〟**なのです。

「盗賊と対決して財宝を手に入れる」という荒唐無稽な物語は、現実にはありえないフィクションならではの設定です。いってみれば、「夢」の世界のお話です。絵本とは、子どもが「**目覚めたまま見る夢**」のようなものなのです。

まったく夢を見ないと心の調子が悪くなるといわれています。

私たちは目覚めているときは理性的で、秩序だった行動をしていますが、夢のなかでは〝とんでもないこと〟をしでかしているもの。

現実ではありえない荒唐無稽な夢の世界を疑似体験することで、人間の心は整えられ、均衡を保っているのでしょう。

いつの時代もミステリー小説が人気なのは、普段の生活では遭遇できないフィクションの世界に引き込まれるから。日常生活では味わえないスリルや緊張感などの感情を体験でき、現実世界では満たしようのない好奇心が満たされるからです。

大人がミステリーでフィクションを楽しみながら心を整えているように、**子どもは絵本という「非日常の夢」のなかで、自分の心を育てているのです。**

7 心と体を同時に育てる

幼児期はゲームより「低刺激の絵本」を

小さい子どもが当たり前のようにゲーム機を持っています。通信機能で友だちみんなと対戦できる、オンラインで遠く離れた友だちや世界中の知らない相手とも遊べるなど、今のゲームは実に高性能で子どもから大人までが楽しめるエンターテインメントとしてすっかり定着しました。

でも、幼稚園に入るかどうかの子どもや、まだベビーカーに乗っている幼児までが四六時中ゲーム機を手に遊んでいる光景を見ると、私などは大きな不安を感じてしまいます。

ＷＨＯ（世界保健機構）では、ゲームのやり過ぎによる「ゲームを自分でやめられない」「やるべきことよりもゲームを優先してしまう」「ゲームをしないとイライラする」といった深刻な依存状態を「ゲーム障害」として正式な国際疾病と認定しました。

それだけ**ゲームは子どもへの刺激が強い**ということです。脳のなかに快感物質が分泌されて、もっとやりたい、まだやりたい、やめたくない、ずっとやりたいと思うように、つまり「ハマるように」「依存するように」つくられています。だから、大人でも、依存状態に陥って延々と課金し続けるような事態になってしまう。

ましてや人格形成にとっていちばん大事な幼児期の子どもに依存性の高い強い刺激ばかりを与え続けることが、後の成長や発達にいい影響があるとは思えません。

もちろん、ゲーム機で遊ぶことを全否定しているわけではありません。ゲームのなかには親子で楽しめるものや、脳を活性化させたり、想像力を育てたりするものもあります。

ただ、そうしたゲームのメリットは、適度に遊べばの話。そのためには親御さんが「○分だけ」とか「毎日はやらない」といったルールを決めて、上手にバランスをとってあげることが必須です。とはいえ、やはり幼児期の間はできるだけ強い刺激から遠ざけることを大前提に考えたほうがいいでしょう。

その点、絵本にはそうした極端な依存を招くリスクがありません。たしかに「読んで、読んで」とせがむことはあるでしょう。でも絵本がなくて精神が不安定になったり、暴れだしたりすることもなければ、禁断症状が出ることもありません。

それは**絵本が「低刺激」だからです。**

もちろん絵本の世界に入り込めば、子どもはドキドキするし、ワクワクもします。心が躍って興奮を感じることもあるでしょう。でもそうした楽しさや興奮がもたらす刺激は、ゆるやかでソフトなもの。ゲームのようなハードで強烈な刺激ではありません。

子どもが小さいうちはまず、**刺激も依存性も低くて〝心に優しい〟絵本**で心を穏やかに安定させることが先決。ゲーム機の強い刺激で遊ぶのは、心の土台がしっかり整ってからで十分です。

心と同時に「反応する体」も育つ

人は「体」と「心」でできています。それゆえ〝人がひとになる〟ためには、「体」と「心」どちらの育成も欠かすことができません。

福沢諭吉は教育の鉄則を〈先(ま)ず獣身(じゅうしん)を成して後に人心を養え〉と説いています。

獣身とは健康で活き活きしていて、しなやかですぐに反応できる体のこと。

「まず健康でしなやかな体をつくり、それから心を養いなさい」というわけです。

子どもの「体」の成長で重要なのは、ここでいう獣身のごとき「**反応する体**」をつくることです。なぜならコミュニケーションや人間関係は、「**体で反応すること**」から始まるからです。

相手が会釈をしてきたら、こちらも会釈を返す。相手が笑顔になったらこちらも笑顔を返す。相手の話に合わせて相づちを打つ――相手の言動にすばやく反応することは、コミュニケーションの基本となります。

人心にあたる「心」の成長の基本は、これまで述べてきたように「他者の気持ちがわかること」にあります。

福沢諭吉は「まず獣身、後に人心」といっていますが、一般的な子育てでは、「体と心」の両方がいっしょに、バランスよく育つのが理想的な成長といえるでしょう。

そして、体と心を同時に育てられるのが絵本の素晴らしいところなのです。

絵本で「他者の気持ちがわかる心」が育つことはすでに申し上げたとおりです。では、同時に「反応する体」が育つとは、どういうことでしょうか。

キャッチボールやサッカーなどと違って、絵本を読む（読んでもらう）こと自体は積極的に身体を動かす運動ではありません。

でも絵本の世界には、「**心の動きだし**」があります。

見た瞬間に思わず身を乗りだすようなインパクトのある絵（場面）もあれば、目を見開いて驚くようなスリリングな場面もあります。手を伸ばして触りたくなるようなリアルな絵もあれば、手を叩(たた)いてキャッキャと笑える楽しい場面があります。

また、耳にすると体のどこかが心地よく反応するような言葉があれば、ついいっしょに体が動いてしまうおもしろい擬音や擬態語があります。体に響く言葉があります。

絵を見て、言葉を聞いて、世界に入り込むと、子どもの心は縦横無尽に動きだします。

そして動きだした心に体が反応し始めます。

思わず体が動いてしまう。

体全体でドキドキ、ワクワクする。

絵本は、そんな「**体ごと動きだす心**」を育ててくれるのです。

もちろん子どもには、ボールを追いかける、砂場で遊ぶ、鉄棒やブランコで遊ぶなど、実際に活発に体を動かすことも必要です。〝獣身〟を養うためだけでなく、子どもならではのエネルギーの発散のためにも欠かせません。

ですから、そうした「**動**」**の時間を持ちつつ、絵本で**「**静**」**と**「**動**」**を楽しむ**。

生活時間の配分を考えて、発散と心の育成のバランスをとってあげてください。

幼児期は英語より、絵本で日本語を知ることが先

グローバル化が進む現代社会では、早い段階から英語を学ばせること、英会話を習得することの重要性が声高に叫ばれています。幼児教育の一環として、幼い頃から英語を勉強させたいと考える親御さんも少なくないでしょう。

英語教育の早期化の重要性については、私も異論はありません。ただ、0歳児、1歳児、2歳児の頃から子育ての軸に英語教育を持ってくる必要があるかと聞かれたら、それは違うと思っています。

なぜなら、これからは英語が大事だからと、幼児期の段階から英語漬けにして勉強させたところで、その子どもが総合的なバランスのとれた人間に育つか、というと、そこに疑問を感じているからです。

もちろん立派に成長する成功例もあるでしょう。しかし逆に、人格形成という意味ではうまくいかなかった例にも数多く遭遇しています。

母国語以外に外国語もしゃべることができるけれど、どちらの言語能力も年齢相応のレベルに達していない状態のことを「セミリンガル」と表現します。

わが子をバイリンガルにしようと生後すぐにアメリカに移住したけれど、現地で育った子どもは、英語の発音は覚えても読み書きはほとんど身につかず、日本語も基礎ができていないのできちんと使えない。結局、英語も日本語もどっちつかずなセミリンガルになって、自分のアイデンティティを保つことも難しくなってしまったというケースは決して少なくありません。

早くから英語を習わせてバイリンガルに育てたいという気持ちもわからないではありません。でもやはり、**まずは日本語を知ること、日本の美しい言葉と出会って日本語の語彙の土台をつくることが先でしょう。その上での英語であり、外国語だと思うのです。**

0歳児から5歳児くらいまでは、絵本の読み聞かせで日本語と出会うことを主とするのが自然です。

音楽と同様、英語の聴きとりの耳や発音は、幼いうちから遊びとして育てることができます。しかし、本格的な英語学習は、**日本語の基礎が確立される小学校入学以降から**というのが、本当の意味でのバイリンガルにつながるのではないかと思います。

絵本が「普通の読書」へのステップになる

絵本の読み聞かせには、「**本好きな子どもに育てる**」「**読書ができる子どもに育てる**」という効用があります。

以前、少年院や少年鑑別所で子どもたちを指導する法務教官の方とお話をする機会がありました。その方の話では、非行に走ったり犯罪に手を染めたりする子どもたちには、普段から「本を読む習慣がない」という共通点が見られるのだそうです。

文芸書などの書籍に限らず、漫画でさえあまり読まないということのようです。「ていねいに文字を読む力が身についていない子が多い」とおっしゃっていました。

本を読むこと、読書をするという行為は、簡単そうに見えて、コツを必要とします。

だからこそ、**小さい頃から練習が必要**になります。

本を読む楽しさがわかると、コツが身につく。絵本の読み聞かせは、その入り口なのです。

幼児期に、絵本の世界で言葉になじみ、文字になじむ。まだ言葉や文字の意味を論理的に理解できない時期に、言葉を頭のなかでイメージし、それを組み合わせながら物語のポイントを摑む。登場人物の気持ちを想像する。そういう練習によって、「ていねいに文字を読む力」は身につきます。

小さい頃から絵本で言葉となじんでいると、そのうちに論理力や思考力が伴ってきます。何よりも絵本を開く時間が楽しくなって、本が大好きになります。

絵本で本の楽しさやおもしろさを知ることができれば、やがて読み聞かせから卒業したときには、自分からすすんで本を読みたくなる「本好きの子ども」になっているでしょう。

絵本の読み聞かせは、子どもが「読書」へと移行していくためのステップになりえます。

絵本に慣れ親しんでいる子どもにとっては、普通の書籍も〝絵本の延長線上の本〟になります。

文字に慣れていない小学校低学年の子どもにいきなり芥川龍之介の『蜘蛛の糸』のような小説を渡しても、すぐに読み切ることはむずかしい。漢字や言葉を習い始めたとはいえ、語彙力も理解力もまだまだ未熟なのですから、仕方ありません。読み進められないことにイライラして、その子は読書そのものを嫌いになってしまうかもしれません。

でもその子が小さい頃に、**『蜘蛛の糸』**を絵本で読んでもらっていたら、小説の世界にもすんなりと入っていけるはずです。

『走れメロス』も小説で全文を読むとなると結構な長さになるので、小学校低学年ではまだハードルが高い。小学校就学前ならばなおさらです。それでも、絵本なら幼稚園児でも太宰治の世界にすぐに入っていけるのです。

実際に私は『**走れメロス**』の一部を抜粋した絵本を出版したことがあります。太宰治の歯切れのいい文体はそのままで、メロスが力強く走る躍動感にあふれた場面をメインにしました。竹内通雅（つうが）さんの描く大迫力の絵も素晴らしく、幼児でもグンと引き込まれる仕上がりになっています。ほかにも、宮沢賢治や夏目漱石などの名作小説も絵本化されています。

物語そのものは一部抜粋でも、使われている言葉になじみ、絵になじむことで、その作家のワールドを感覚的に知ることができます。

絵本で先に触れたことがあるという経験が、後に原作の小説を読もうというときに一気にハードルを下げてくれるでしょう。子どもの頃の絵本との出会いは、その後の読書習慣に大きな影響を与えるのです。

第2章

1日15分。100冊の絵本

読み聞かせ実践編

1 親は絵本のナビゲーター

読み聞かせることに意味がある

幼児期の子どもにとって、すぐれた絵本は最良の教材です。でも、ただ子どもに絵本を与えて「読みなさい」ではあまり役に立ちません。親御さんが子どもに読んであげることで、子どもは楽しみながら絵本の世界に入り込むことができます。読んでもらうことで、子どもは絵本にちりばめられた言葉と出会い、それが豊かな心を育んでいくのです。

文字を覚えるのも、ひとりで読めるようになるのも、もう少し先のことで大丈夫です。何よりも大事なのは、**「絵本を読んでもらうと楽しい」と子どもが思うこと**。絵本を通じて、**親子で楽しい時間を共有すること**です。

絵本は、子どもにひとりで読ませるものではありません。「自力で読ませるほうが子どものため」というのは、親が楽をするための言い訳でしかありません。

ひとりで絵本を読む時期はやがてきます。それまでは絵本は、お母さんやお父さんが読み聞かせてこそ、子どもの心を育てる教材として無限の力を発揮するのです。

子どもを「半分なりきり、半分客観」に導く

絵本の登場人物に〝なりきる〟ことで、子どもの心が育つというのは、すでに申し上げたとおりです。

ただ、完全に100％主人公になりきってしまうよりも、**半分は「自分自身が残っている」**という状態で絵本に向き合うほうが、子どもの成長にとってより効果的です。

たとえば、ネズミが主人公の絵本の場合、子どもはまずネズミになりきることで物語に没入しています。そこでネズミに困難が降りかかってピンチが訪れたとしましょう。このとき100％ネズミになりきっていると、子どももネズミといっしょに「ああ困った」「どうしよう」とドキドキします。

それはそれでいいことなのですが、このとき子どものなかに「自分」が半分残っていると、「ネズミさんが困っている。助けてあげたいな」という気持ちも芽生えてきます。つまり、ネズミを客観視して、自分がネズミを「助けてあげたい」と思うわけです。

半分は主人公のネズミになりきってドキドキし、もう半分はネズミを客観視して「助けたい」と思う。この状態で絵本の世界と向き合うことが、**人としての優しさや思いやりの**

土壌になっていきます。

絵本に100%没入しがちな子どもを「**半分なりきり、半分客観視**」という理想的なスタンスに導くために不可欠なのが、親御さんによる読み聞かせと子どもへの声かけです。

先の例ならば、物語のなかでネズミがピンチに陥った場面では、

「ほら、ネズミさんが困っているね」

「何とか助けてあげたいね」

「何とかしてあげたいね」

と、子どもに声をかける。

そのひと言で、子どもはなりきっていた困っている主人公からフッと離脱して、「自分」に引き戻されます。そして今度は物語を客観視して主人公を思いやり、「自分もネズミさんを助けてあげたい」と思うようになっていきます。

絵本のストーリーを追うだけでなく、場面の展開や子どもの感情に合わせて声をかけ、ふたりで話をする。主人公になりきって「他者の感情を理解する」だけでなく、**主人公を客観視することで芽生える「他者を思いやる気持ち」も育てる**。

親御さんは、子どもと絵本の世界とを結びつけ、その距離感を巧みに操る〝ナビゲー

ター〟なのです。

親は絵本という味方を持った現代の「語り部」

かつて子どもたちは、夕食後や夜寝る前などに、おじいさんやおばあさん、お父さんやお母さんに「何かお話しして」とおねだりし、その話に一心不乱に耳を傾けました。

愛情いっぱいに語られる昔話や民話などを聞きながら、自然に〝人生で大事なこと〟を学んでいったのです。

たとえば『ゲゲゲの鬼太郎』で有名な漫画家・水木しげるさんの自伝漫画『のんのんばあとオレ』には、子どもの頃に「のんのんばあ」(実の祖母ではなく知り合いのおばあさん)が話してくれるおばけや妖怪の話が大好きで、それが自分の原点になっていることが描かれています。

また、小説家の中勘助が幼少時代の思い出を自伝風に綴った『銀の匙』という作品では、幼少の主人公である「私」が、自分を育ててくれたやさしい伯母さんから聞く昔話からいろいろなことを学んでいます。

夜寝るときになると、伯母さんが枕もとで百人一首を、節をつけてそらんじてくれる。

「私」はそれを聞いて、想像力をかき立てられながら眠りに落ちる――。そんな描写が出てきます。これなどもまさに「語り聞かせ」による子育てといえるでしょう。

昔は、絵本があまり普及していなくても、その代わりに、大人やお年寄りたちがみな知識豊富で〝語るべき昔話〟を知っていました。各家庭に、水木さんの「のんのんばあ」や『銀の匙』の伯母さんのような〝語り部〟がいました。その人たちが、子どもや孫の世代に昔話を語り聞かせてくれたのです。

柳田國男の『遠野物語』に記録された物語も、語られたものです。

今の時代、さすがに昔話や民話や童話を暗唱して語り聞かせたり、百人一首を光景が想像できるようにそらんじたりできる大人は多くないと思います。

でも心配はいりません。だからこその絵本の読み聞かせなのです。

絵本の読み聞かせには、昔の語り聞かせにないよさもあります。絵本に欠かせない美しい絵は、**子どもの色彩感覚や美的感性を育てるだけでなく、視覚に訴えることで子どものイメージ世界を広げるサポートにもなります。**

時代が「お話しして」から「絵本読んで」に変わっただけ。

夜寝る前に大人が子どもに昔話をしてあげる「語り聞かせ」が、今では絵本を通じて行われている。親御さんにとっても、お子さんにとっても、絵本には大きな可能性が秘められているのです。

場面や状況をイメージしやすく

〝喜劇王〟として名高いイギリスの俳優・映画監督、チャールズ・チャップリン。彼が「モダン・タイムス」「街の灯」「独裁者」などに代表される、数々の感性豊かな作品を生みだし続けることができたのは、お母さんの影響が大きいといわれています。舞台女優だった母・ハンナは、子どもたちに普段の会話でも、話題に上った人物になりきったり、状況に合わせて情感を込めて話したりしていたといいます。また、自分が舞台で演じた役や、歌った曲などをよく子どもたちに見せていたともいわれます。そんな母・ハンナの情感あふれた子どもとの接し方が、後に世界的な巨匠となったチャップリンの感性の土台を育てたのではないでしょうか。

大人が本を読むときは文字を追い、言葉の意味を考えながら映像をイメージします。でも、言葉をまだよく知らない子どもは、自分で文字を読んで、その言葉からすぐに映像をイメージするという作業に慣れておらず、上手にできません。

ですから、**子どもが頭のなかで場面や状況をイメージしやすいよう読んであげる**ことが大事です。

読み聞かせによって、絵本に書かれている文字は、お母さんやお父さんの声で語られる「言葉」になります。親御さんがその言葉に情感を込めることで、子どもは情景をイメージしやすくなり、頭のなかで映像を思い浮かべやすくなります。

「冷たい風がビュービュー吹いて寒い」という文があれば、ただ棒読みしたりサラリと読み流すだけでなく、風の冷たさや強く吹いている様子をイメージしやすいように気持ちを込めて抑揚やイントネーションで表現してみる。

「みんなが寝静まった物音ひとつしない夜」なら、声の大きさやトーンを落として夜の静けさを表現するように読んでみる。

そうした情感が伴った言葉（声）を聞くことで、子どもはより深く絵本の世界を理解できるようになります。

ハンナがチャップリンにしてあげたように、言葉に情感を込めて読む。そうした読み聞かせが、子どもの「**目に見えないものを頭のなかで、目に見えるように描く力＝想像力**」

を豊かに育ててくれます。

お父さんこそ、子どもに絵本の読み聞かせを

イクメン（子育てに熱心な父親）という言葉が「新語・流行語大賞」にノミネートされて注目を集めたのはずいぶん前のこと。今や、お父さんが子育てに関わるのは社会的責務といわれる時代になりました。

子育ては両親が協力しながら向き合うべきものですが、実際問題として、お父さんが活躍できる〝子育ての場〟は、まだ少ないように思えます。もっというと、お父さんは「戦力としてたいして役に立っていない」という側面もあるのではないでしょうか。

子育てには協力したい気持ちはあるけれど、何をすればいいのか、何ができるかわからない——そんなお父さん方に申し上げましょう。

ぜひとも、**「絵本の読み聞かせ」をしてください、**と。

「絵本は母親が読んであげるほうがいい」というのは間違った思い込み。

あまり子育てに参加せず、〝戦力外〟に甘んじてきたお父さんこそ、名誉挽回のチャンス。これからはぜひ〝絵本読み聞かせ担当大臣〟として、家庭の子育てに参画してくださ

い。

仕事が忙しい、仕事で疲れているという気持ちもわかります。でも、子どもの絵本にそんな分厚いものはありません。15分もあれば1冊読めてしまいます。

そう思えば、子どもに絵本を読み聞かせる時間は、その気になればいくらでもつくりだせるものなのです。毎日が難しければ、週に何日かでもいい。時間がとれないときはお母さんにバトンタッチしてかまいません。できるかぎりでいいので、お父さんも積極的に読み聞かせに参加していただきたい。

一般的に子どもは、父親よりも母親と接している時間のほうが長くなるもの。そうでなくても子どもはあっという間に大きくなってしまいます。

普段、あまり子どもと過ごす時間をとれていないお父さんにとって、読み聞かせはとても貴重な親子の絆づくりの場であり、コミュニケーションの場になるはず。

絵本の読み聞かせは〝父親としての仕事〟くらいの気持ちで、できるだけ仕事の都合をつけて、子どもと絵本を開く時間を持ってください。

2 読み聞かせ実践編

(1) 図書館で借りて〝お試し〟する

絵本の読み聞かせは子育ての基本であり、絵本は子どもの心の育成のための最良の教材です。ただ、実際にわが子に読み聞かせをしようと考えたとき、〝絵本選び〟に悩む親御さんも少なくありません。

ですから、いちばん大事なのは**子どもが好きな絵本、子どもが関心を示す絵本を選ぶこと**。保育園や幼稚園に通っているなら、保育士やスタッフに「ウチの子はどんな絵本にハマっているか」「どんなジャンルの絵本に興味を示しているか」を教えてもらって、その絵本を買うという方法もあります。

また、**子どもといっしょに図書館に出かける**のもおすすめ。どの図書館にもたいてい「子ども絵本コーナー」があり、さまざまなジャンルの絵本がたくさん揃っています。

そこに行って、「どれを読みたい？」「どれが好き？」と子どもに聞きながら何冊かピックアップ。それらを借りてきて、家で読み聞かせをします。

借りてきたなかで、「これ、もう一回読んで」とおもしろがった絵本、興味を持って目を輝かせて聞き入った絵本を、家庭用に購入するのです。

これは私が子育てしていたときに自分で実践していた方法です。図書館に子どもと出かけては、そのたびに**10冊借りて**（当時は10冊が貸出し上限でした）**家で読み聞かせ、何度も読みたがった絵本を買う**ようにしました。

「買ったはいいけれど、見向きもしない」では、せっかくの絵本も宝の持ち腐れになってしまいます。図書館を有効活用して購入前に好き嫌いを〝お試し〟すれば、絵本を〝書棚の肥やし〟にしなくて済みます。

②気に入った絵本は「買う」

「図書館で借りて、お試ししてから買う」と聞いて、「おや？」と思った方もいるかもしれません。わざわざ買わずに、図書館で借りれば十分なのでは――と思う向きもあるでしょう。

でも、**絵本は買ったほうがいい**というのが私の持論です。

なぜなら「**いつでも手元にあって、読みたいときに読める**」ことが大切だと思うからです。

幼稚園や保育園、図書館で借りてくる絵本と、購入していつでも家にある絵本とでは、その絵本の世界と子どもの距離感が違ってきます。借り物の絵本だと、子どもは心のどこかで「絵本の世界」と「自分」が〝くっついてる感じ〟を持てないものなのです。

今読みたいと思ったときに「じゃあ明日、借りてこよう」では、せっかくの意欲がしぼんでしまうかもしれません。読み聞かせの時期を過ぎて子どもが自分で文字が読めるようになったとき、自分から「もう一度あの絵本を読みたい」といいだすこともあります。そのとき購入してあれば、すぐに「はい」と手渡すことができます。**いつでも手元にあることが、子どもと絵本の世界との距離をグンと縮めてくれる**のです。

いまはネットなどで探せば、中古の絵本やリサイクルの絵本も見つかる時代です。もし経済的に余裕がないということなら、中古やリサイクルを利用してでも、子どもが気に入った絵本、くり返し読んでいる絵本は、ぜひ購入して〝自分のもの〟にしてあげてください。

また、親御さんが実家を探せば、もしかしたら、「おばあちゃんがママに読んでくれた絵本」が出てくるかもしれません。そうして親から子へ、子から孫へと受け継いでいくことができるのも買ったからこそです。自分のものにできるから、心の財産になるのです。

③反応を書き留める――絵本が「成長の記録」に

私が「絵本は買うべき」と考える理由がもうひとつあります。それは、買った絵本なら、いろいろと書き込むことができるからです。

私も実践したことなのですが、読み聞かせたときに**子どもが口にした言葉や見せたリアクションなどを、年齢や日付とともにその絵本に書いておく**のです。

「○年○月○日、○歳。この場面でこんなかわいいことを言った」「この言葉を読んだらこんな表情を見せた」「この絵のところで、コロコロと弾けるように笑った」――。

メモ書きレベルで構いません。読み聞かせのときに親御さんが感じた子どもの様子を書き留めておく。そうすることで、その絵本は**子どもの〝成長の記録〟になります**。

幼児期の子どもが感じるままに発した言葉は、かわいらしいものやハッとさせられるものなど、大人の心に残るフレーズが多いもの。ただ聞いているだけではその瞬間で忘れてしまいますが、残しておけば、10年後、20年後、30年後にもとりだすことができます。

それもまた財産になります。

こうしたことができるのも〝買った絵本〟だからこそ、なのです。

ただ、本編のページに直接書き込むと絵や文字の邪魔になりかねません。

私がオススメするのは、本の最後のページにある奥付と呼ばれる場所です。出版社の名前や著者のプロフィールなどが書かれたページ。物語に支障が出ないところに書き残すようにしましょう。

④理想は200冊、最低100冊を揃える

幼児期の子どもを持つご家庭では、まず「**家に100冊の絵本**」を目標にしていただきたいと思います。10冊、20冊では「少ない」と考えたほうがいいでしょう。

100冊と聞いて「そんなに？」と驚かれるかもしれません。でも100冊はあくまで最低限のライン。**理想をいえば200冊くらいあってほしい**と思っています。

ある調査では家庭の蔵書数と子どもの学力は比例する、つまり本がたくさんある家庭の子どもほど学力が高いという結果が出ています。

この傾向は、絵本と子どもの心の育成についても同じことがいえます。絵本がたくさん揃っていて、いつでも絵本の世界に手が届く環境が、子どもの想像力や創造力、好奇心を

育んでいくのです。

絵本、それも繰り返して何度も読みたい絵本が100冊あるのは、子どもが没入して体験できる〝ワールド〟が家庭に100あるのと同じこと。

0歳から6歳ぐらいまでの間に100もの絵本への〝心の世界旅行〟を体験できれば、子どもの心のなかはとても豊かになっていくはずです。

また先に申し上げたように、読み聞かせ時の子どもの言葉や表情を書き留めておけば、100冊の絵本は〝**成長を記録した絵本アルバム**〟として残しておくことができます。

子どもにとっても100冊にも及ぶアルバムは、「**自分はこれだけの〝心の森〟を持っている**」という証し。成長していくうえで**自分を支えてくれる貴重な財産**になるのです。

ですからぜひ、ご家庭に100冊の絵本を。

家に子どもが大好きな絵本が100冊以上あって、読みたいとき（読んでほしいとき）に読みたい絵本をあれこれ選ぶことができる。それだけで子育ての環境は「大丈夫」といっていいでしょう。

(5)ジャンルは幅広く――より広い世界との接点を

家に絵本を揃えるにあたって気をつけたいのが、同じような作品ばかりになってしまうことです。

家にある絵本が〝すべて同じテイスト〟になってしまっては、子どもの世界が広がりません。子どもの心の間口を大きく広げるには、**画風、表現方法が異なる、より幅広い絵本の世界に触れさせる**ことが大事です。

先に、絵本には一冊一冊それぞれ独自の世界があると書きました。もちろん、お気に入りの作家の絵本、好きな世界観の絵本を何冊も揃えるという選び方があってもいいでしょう。ただ大事なのは、家の絵本を「その一色だけにしない」ということです。

子どもが気に入る絵本が基本ではありますが、それだけではどうしても作家やジャンルの偏りが出てくるでしょう。

絵本のバリエーションを整えるのは、親御さんの大事な務めです。

新作もあれば歴史ある名作や定番もある。ディズニーもあれば、日本の昔話もある。地方の民話もある。アニメ風の絵もあれば、クレヨン画もある。切り絵や版画風の絵もある

――。

絵本を選ぶときは、いろいろなジャンルのストーリー、いろいろな画風の作家、いろいろな表現スタイルなど、**できるだけ幅広く、バリエーションが豊富になるように**心がけていただきたいと思います。

⑥家族みんなで選んでバリエーションを広げる

絵本選びの偏りをなくしてバリエーションを広げるには、子どもが興味を示した作品だけでは限界があります。では、そのほかの絵本はどうやって選べばいいでしょうか。

まず必要なのは、**親が選んであげる**ことです。たとえば、お母さんやお父さんが「これはおもしろそう」「子どもに読んであげたい」と思う作品。「文字が多くてわかりにくいかな」と思っても、子どもは絵を見て「おもしろい」と飛びつくこともあります。

まずは図書館で借りて試してみればいいのです。

子どもといっしょに図書館に行ったら、子どもは「読みたい本」を、親御さんは「読ませたい本」を選んでみてください。

また、親御さんがそれぞれに読ませたい絵本を選ぶのもいいでしょう。女親と男親では選ぶ内容も違ってきます。それだけでも絵本選びの幅にバリエーションが生まれます。**おじいちゃんやおばあちゃんに選んでもらう**のも一案です。親とは別の視点で選んでくれます。かわいいお孫さんのためなら喜んで協力してくれるでしょう。

選ぶ人が多いほど、選ばれる絵本も、選ばれるジャンルも多くなるのですから。

もっといえば、**親御さん自身が好きな絵本、自分でも読んでみたい絵本を選ぶという方法もあります**。子どもの頃に読んでもらって好きだった絵本もオススメです。

自分が好きな本なら、読み聞かせもより楽しくなるはず。親が楽しそうに読んでくれると、それを聞く子どももうれしく、楽しくなります。

(7)「名作」は押さえるべし

絵本には「名作」や「定番」と呼ばれる、世代を超えて多くの子どもに読み継がれてきた作品があります。なかには何十年も前に出版された古い絵本、100刷以上重版しているロングセラーもあります。

100冊の絵本を揃えていく際の基本として、やはりそうした**名作絵本は外すことができません**。

たとえば、中川李枝子さん（文）と大村百合子さん（絵）によるロングセラー『**ぐりとぐら**』。１９６７年の発売から50年を超えてなお人気の、世代を超えて愛され続けている名作です。親御さんのなかにも読んだことがある人は多いはずです。

また佐野洋子さん（文と絵）による、猫が何度も何度も生き返る（輪廻転生を繰り返す）お話、『**100万回生きたねこ**』も40年以上読み継がれています。

こうした誰もが知っている**定番中の定番、名作中の名作は、「読んでおくこと」「読み聞かせておくこと」に大きな意味があります。**

これまでもお伝えしてきたように、絵本の読み聞かせは「**心と文化の伝承**」でもあります。世代を超えて愛され、文化として受け継がれてきた作品は読んでおいたほうがいい。子どもの心が育つプロセスにおいて、「**連綿と受け継がれてきた文化を心に刻む**」ことが非常に大事なのです。

それに何十年も読み継がれてきたという歴史は、イコール、その作品が子どもの心の育成にふさわしいという「信頼の証し」と考えることもできます。

子どもにしても、「お友だちはみんな知ってるのに、自分は読んだことがない」となるのは寂しいもの。やはり、絵本選びの基本として名作や定番は押さえておきましょう。

(8) お気に入りは何十回でも読む

「これ、もう一回読んで。もう一回、もう一回」

同じ絵本の読み聞かせを、何度も繰り返しせがまれた経験はありませんか。

大人のみなさんでも、気に入った本を何回も読み返すということがあるでしょう。

ストーリー展開も結末のどんでん返しもすべて知っているのに、何度でも読みたくなる。そんな作品と出会うことは読書の楽しみであり、喜びでもあります。

その気持ちは小さい子どもでも変わりはありません。

楽しくておもしろくてたまらない絵本に出会ったら、何度でも読んでほしい。その楽しさやおもしろさを何度でも味わいたい。そう思うのが自然な感情なのです。

私もよく経験するのですが、何度読んだ本でも、新しい発見があったり違う解釈に気づいたりと、繰り返し読むことで得られることはたくさんあります。

子どもだってそう。何度も同じ絵本に触れながら、新しい楽しさや違うイメージを見つけだしていくことも、心の成長の大切な糧になるのです。

読み聞かせる側の親御さんにしてみれば、何度も同じ話ばかりだと飽きてくるかもしれません。でも、**何度でも読んであげてください。**

何度も何度も読んでほしくなるのは、いい絵本だから。

「もう一回読んで」は、子どもが「大好きな1冊」と出会えたサインです。その1冊をきっかけに本そのものへの興味が沸いて、読書好きな子どもになっていく兆しともいえます。

大げさではなく、その子の人生の財産になる1冊なのです。

絵本のストーリーそのものは何度読んでも同じですが、それを聞いている子どもの様子や表情、反応は、少しずつ変化しているかもしれません。それを見つけるのもまた子育てのひとつと考えて、子どもの「大好き」に寄り添ってあげましょう。

まとめ

最後にお伝えしたいことは、まず、親が絵本を楽しむということです。

義務感だけで読まないで、読み聞かせをするときは、まず親御さん自身が楽しんでください。

「忙しいけどやらなきゃいけない」「本当は他のことをしたいんだけど仕方ない」といった〝読まされている感〟は無意識のうちに声や所作の端々に滲(にじ)みでてしまうもの。子どもは大人が発するそうした空気に敏感です。渋々、嫌々読み聞かせても子どもは絵本を楽しめません。

読み聞かせには楽しい時間の共有という意味合いがあるというのは、これまで述べてきたとおりです。読む側が嫌々では共有になりません。子どもと温度差があればコミュニケーションも深まらないでしょう。

「子育ての一環だから上手に読まなきゃ」「情感を込めなきゃ」などと考えすぎる必要も

ありません。読み方の「正解」など、求める必要もありません。

ただ、ただ、子どものペースを守る。子どもの言葉に反応する。子どもの興味を共有する。そうして親子がいっしょに絵本の世界で楽しい時を過ごすことが大事なのです。

そもそも、絵本は子どもだけのものではありません。大人が読んでも考えさせられること、気づかされること、学ぶことがたくさん詰まっています。

『大人が絵本に涙する時』などの著書があるノンフィクションライターの柳田邦男さんも、常々「**大人こそ絵本を読もう**」とおっしゃっています。柳田さんご自身が、非常に苦しいときに絵本に救われた経験をお持ちです。

絵本は子どもだけでなく、大人の心の安定やストレス解消にも効果があるのです。疲れている心、痛んでいる心を癒やし、潤いを与えてくれる。傷口の化膿を抑えて優しく治してくれる〝心のくすり〟のようなものといえます。

いっしょに楽しく読めば、子どもの心は育ち、大人は心を癒やされる――**絵本は子どもだけのものではない**のです。

だからこそ、子ども以上に親御さんも絵本を楽しんでください。読み聞かせの時間を大事にしてください。

できるだけ体をくっつけて読む

読み聞かせの時間は、親子が肌と肌で触れ合える**スキンシップタイム**であることも意識してください。

脳と肌、心と肌はつながっていて、肌を触れ合わせることが深いコミュニケーションになり、**お互いの信頼感や安心感のベースにもなります**。

小さい子どもはとくにそうです。親に抱っこされたり、抱きしめてもらったりすることで「愛されている」「守られている」「大切にされている」という安心感を得るのです。

0歳から5歳児くらいまでは子どもをひざに抱っこする、並んで座って腕のなかに抱きかかえるなど、できるだけ体をぴったりくっつけて読んであげてください。親のぬくもりと愛情を全身で感じられれば、少し怖いおばけの話でも大丈夫。子どもの心は穏やかに安定し、絵本を存分に楽しむことができます。

また、床に寝転がってリラックスしながら読むのもいいでしょう。

やわらかいカーペットを敷いてクッションを置けば、絶好の読み聞かせスペースになります。

このときもできるだけ体を寄せ合って、顔を近づけ合って読むようにしましょう。**「いつもここで絵本を読む」という場所**があることも、子どもと絵本の距離を縮めてくれます。

また理想をいえば、**絵本が並ぶ本棚のある部屋で読み聞かせる**のがいちばんです。ズラリと本が並ぶ図書館は、足を踏み入れただけでも勉強したい気分、読書したい気分になるでしょう。

それと同じで、すぐ手が届くところに絵本が並ぶ本棚があるという環境は、それだけでも子どもの〝読んでほしい意欲〟を高めてくれます。

子どもはあっという間に大人びていくもの。大きくなれば恥ずかしさも出てきます。腕のなかに包み込むようなスキンシップができる期間は決して長くありません。だからこそ、この時期にたっぷり触れ合って愛情を伝えておくことが大切なのです。

「15分＋100冊」、これだけで子育ては大丈夫

いつの時代も子育てに悩みは付きもの。「ウチはちゃんと子育てができているのかしら」という不安を抱えている親御さんは、今も大勢いらっしゃると思います。

また、今の時代は3組に1組は離婚するといわれており、結果としてシングルマザー、

シングルファーザーという形態の家庭も増えています。親御さんがひとりで仕事も育児も担うことになれば、子育てへの不安はより大きくなるでしょう。

何が正解かわからずあれこれ手を出してみたり、意味がないのはわかっていても、ついよその家と比べて焦ったりすることもあるかもしれません。

「ウチの子は英会話をやってない」

「ウチの子は水泳教室にも通ってない」

「あれもやっていない」「これもやっていない」

もちろん、お稽古事やスポーツ教室に通わせるのもひとつの方法です。でも、ご家庭の事情や置かれている環境、子どもの性格や個性はそれぞれみな違うもの。すべての子どもにとって、それが「よかれ」とは限りません。

ではどうすればいいのか。何をすればいいのか。

そもそも親御さんがいろいろと思い悩んだり、自信が持てなかったりするのは、「これをしておけば大丈夫」という明確な基準がないからです。

私がここで「基準」をつくって差し上げましょう。子育て、とくに小学校に入るまでの幼児期の子育ては、

「読み聞かせを毎日15分」＋「絵本100冊」。

これで大丈夫、これだけでいいのです。

家にいろいろなジャンルの絵本が100冊以上あって、それを、お母さんはもちろん、お父さんも参加して、親子で会話をしながら読み聞かせる。

こうした時間を毎日15分つくれたら、それだけでその家庭の子育ては「合格」だと私は考えます。

「本当に？」という疑問があるかもしれません。でも大事なのは、子育てに自信を持つこと。「これだけはきちんとやっているから、子育ては大丈夫」と思うことです。自信を持てないから迷い、不安になり、あれもこれもになって〝軸がブレて〟しまうのです。

絵本には言葉があり、絵があり、思いやりを育む疑似体験があり、豊かな心の土台となる「知仁勇」そして「笑」がある。

読み聞かせには、親子のコミュニケーションがあり、感情の交流がある。何より愛され、見守られているという安心感がある。

そこには、幼児期の子どもの心が健やかに育つための要素がすべてそろっている。だからそれだけでいいんです。習い事もスポーツ教室も学習塾もその後でいいのです。

むしろ、「親子で読み聞かせをせずに、他に何をするの？」「これに勝る子育ての方法がある？」と聞きたいくらいです。

毎日15分、親子で絵本を楽しむ時間を持てば、子どもの「心」はしっかり育ちます。

変化の時代にも、しなやかに自分の力を発揮できる本当に頭のいい子が育ちます。

だから親御さんは自信を持ってください。その自信が子どもの土台をつくるのです。

第3章

こんなふうに読み聞かせてきた

i　さいしょの絵本
ii　生きる力を育てる
iii　本好きの子どもへ

ページをめくるごとにいっしょに「ばあ」そしていっしょに笑って

子どもが「いないいないばあ」好きというのは万国共通のようです。赤ちゃんが「いないいないばあ」をすると笑うことには、フロイトも注目していました。隠れているものが突然出てくる。その驚きと発見は赤ちゃんにも伝わるのです。本書を読むときは、ページをめくるごとにいっしょに「ばあ」とメリハリをつけて音読してください。そしていっしょに笑う。笑うところがポイントです。キャキャっと笑うことで、「自分は楽しんでる」と赤ちゃんも感じるのです。笑うことを通じて赤ちゃんも「生まれてきてよかった」と確認します。くまさんが出てくるところではぬいぐるみを使って「ばあ」とやるのもよいでしょう。

『いないいないばあ』
作 松谷みよ子／絵 瀬川康男
童心社

おつきさまはどこかな？　月の明るさを感じて情感豊かに

この本は、私自身が子どもから何度もせがまれてよく読み聞かせた一冊です。『いないいないばあ』と似たパターンですが、出てくるのがおつきさま。おつきさまが雲に隠れると少し暗くなりますね。「おつきさま出てくるかな？」と心配そうな顔をして「困ったね」といい合い、そこからワッとおつきさまが出てくると盛り上がります。月が出たときの明るさの感じがとてもよいので、読むときは情感豊かに、「こんばんは！」と明るさいっぱいでやるとよいと思います。月夜を歩く際には、「あれ、おつきさまはどこかな？」「隠れちゃったね」「出て来たよ！　こんばんは！」といった具合に、月の動向をいっしょに見守りましょう。

『おつきさまこんばんは』
林 明子
福音館書店

だるまさんの音をいっしょに楽しむ仕掛けをいかす

見開きで、動きのあるかわいいだるまさんの絵が描かれています。添えられているのは、「だるまさんが」という6文字。それをいっしょに口にしながら、次のページをめくると……。「どてっ」とだるまさんが転んだり、「ぷしゅーっ」とだるまさんが縮んだり、さまざまな仕掛けが用意されています。シンプルなつくりですが、子どもが喜ぶことが大事。いないいないばあに近い発想に、だるまさんの多様な変化と、そこに「びろーん」とか「ぷっ」といった、耳で聞いておもしろい音がいっしょにあるのがよいところです。目と耳で楽しい気持ちになれる。声に出していっしょに読んで、いっしょに笑うことができる良書です。

『だるまさんが』
かがくいひろし
ブロンズ新社

シンプルな音で表現 0歳児から楽しめる 谷川ワールド

0歳児から楽しめる絵本です。謎のものが「もこ」と現れ、「もこもこ」生えて、「もこもこもこ」と大きくなる。ページをめくるたびに色の印象が鮮やかに変化します。「にょきにょき」「もぐもぐ」「つん」……シンプルな音が表現する、谷川俊太郎さんの独特の世界です。

「もこもこもこって出てきたね」と、音を動作といっしょに表現すると、お子さんも興味が湧いてくるでしょう。

何度か読むうちに、「次はなんだっけ？　せぇの！」と予想していっしょに口にするのも楽しめます。

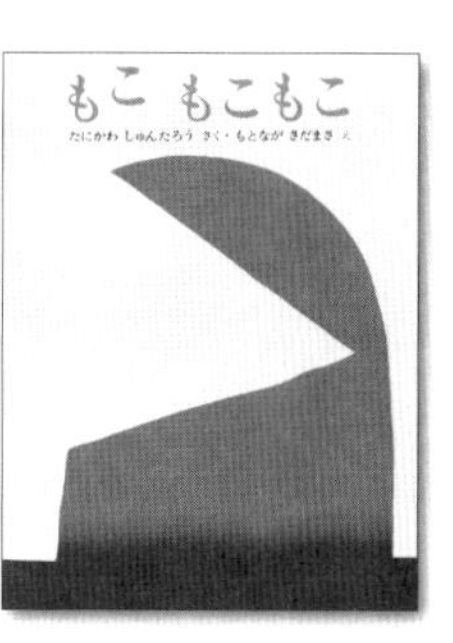

『もこもこもこ』
谷川俊太郎／絵 元永定正
文研出版

紙がビリビリ破ける 水がジャアジャア流れる 擬音語・擬態語の世界

『じゃあじゃあびりびり』
まついのりこ
偕成社

紙がビリビリビリ破けるとか、水がジャアジャアジャアジャア流れるといった音が子どもは大好きです。「オノマトペ」といいますが、日本語にはこうした擬音語や擬態語が豊富にあります。本書はそれらがふんだんに生かされた一冊。たとえば実際に踏切りをわたる際、『じゃあじゃあびりびり』になんて書いてあったっけ？　という会話をしてみるのもいいでしょう。本には「かんかん」と書いてあっても、実際には違うふうに聞こえてくるかもしれません。また、自動車からは「ぶうぶう」以外の音、水だって「じゃあじゃあ」ではない音が聞こえてくるかと思います。子どもの発想をどんどん広げ、言葉をいっしょに探してみましょう。

黒いSLがやってくる せぇの、のせてくださーい くり返しが楽しい

本書のおもしろいところは、汽車に次々といろんなものが乗ってくるところ。「のせてくださーい」。このくり返し言葉を、お子さんといっしょに、「せぇの、『のせてくださーい』」とやってみましょう。そのあとは「がたんごとん」もいっしょにいう。これをくり返します。同じことのくり返しですが、それが子どもにとっては何よりも楽しいのです。次は誰が乗ってくるかな？　がたんごとん、のせてくださーい。それをいっしょにくり返しましょう。また、冒険好き・乗り物好きの男の子だったら、黒いSLが走っていることだけでもワクワクするはずです。本物のSLはもちろんのこと、電車をいっしょに見に行っても楽しいでしょう。

『がたん ごとん がたん ごとん』
安西水丸
福音館書店

モノクロの見事な世界 静かな時間を感じて 最後に素敵な仕掛けが

鉛筆で描いたようなモノクロの柔らかいタッチ。絵の美しさをまずは味わってください。白と黒だけで表現された見事な世界です。ゆったりとした静かな時間の流れを感じてください。冬の雪のシンシンとした冷たさも伝わってくるでしょう。くまは雪解けの春が待ち遠しくて、「はなをくんくん」させる。匂いから、季節の移ろいを感じとることができるのです。最後には素敵な仕掛けが用意されています。モノクロの世界に、ぽっと小さな黄色い花が現れる。「このページだけ、なんか違うことない？」と問いかけてもいいでしょう。黄色い花が、春と、春が来た喜びを表していることを、動物たちといっしょに感じてください。

『はなをくんくん』
文 ルース・クラウス／絵 マーク・シーモント
訳 木島始
福音館書店

鬱蒼とした森を行進する。世界とは森のなかのようなもの。未知との遭遇

モノクロで描かれた静かな作品です。テレビゲームのような刺激性は強くありませんが、森という、鬱蒼として薄暗い場所を動物たちと行進する楽しさが詰まっています。

子どもから見ると、世界とは森のなかのようなものだと思います。何が出てくるかわからないドキドキ感。未知の世界は怖くもあり、新しいことに踏み込んでいくワクワク感も伝わってきます。

ページをめくるごとに新しい動物が出てくる。そうした未知との遭遇を味わっていただきたいです。

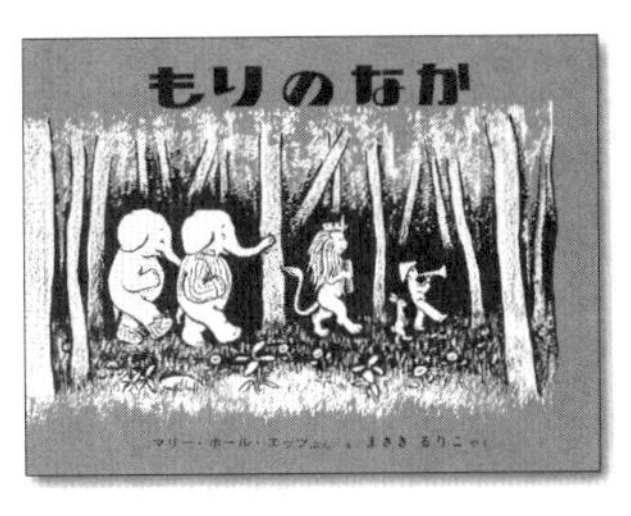

『もりのなか』
マリー・ホール・エッツ／訳 間崎ルリ子
福音館書店

夜は暗い。夜は黒い。夜は怖い。夜という昼とは違う世界

ふくろう、みみずく、くろねこ、どらねこ、どろぼう……夜の真っ暗な世界に似合いそうなものが次々に登場します。

夜は暗い。夜は黒い。夜は怖い。

夜はベッドで静かに横になる時間であるということが、ページをめくっていると伝わってきます。それでも寝ない子は、「おばけにおなり」「おばけのせかいへとんでいけ」という呪文が有効です。夜という、昼とは違う世界があることを教えてくれます。

そんなに怖い内容ではないので、小さいお子さんも大丈夫。

『ねないこだれだ』
せなけいこ
福音館書店

どどーんとやさいが登場
たくさん声に出して笑って
笑うことで、情緒豊かに

仕掛け絵本です。「やさいさんやさいさんだあれ」という問いかけがくり返され、ページを開くと、どどーんとやさいが登場します。

仕掛け絵本は子どもが何回でも楽しめます。答えがわかっていても、ページを開くのが楽しい。「すっぽーんにんじんさん」「すっぽーんごぼうさん」と、ページを開いてにんじんやごぼうが出てくるだけで楽しい気持ちになります。

楽しいときは、たくさん声に出して笑うことが大事です。

笑うことによって情緒が豊かになります。やさい嫌いにならないためにも、いっしょに声に出して楽しみましょう。

『やさいさん』
tupera tupera
学研プラス

同じ会話をくり返して。答えることが自信につながります

「きんぎょがにげたねー」「どこににげたのかな？」

読みながら、そんな会話をくり返すといいでしょう。「どこに行っちゃったかな？」「ここにいた！」と何度もくり返す。このくり返しが大事です。さいしょはわからなかったお子さんも、だんだん、すぐに答えられるようになります。そうして「自分はできる」「自分は頭がいい」と自信をつけることができるのです。

質問はいつも同じですが、答えは毎回異なります。「ここ」と指し示すと同時に、「花のなか」「飴のなか」「テレビのなか」といった具合に、口でその状況を説明するのがいいです。お子さんの身近な世界も広がっていきます。

『きんぎょがにげた』
五味太郎
福音館書店

ぽたあん。ぷつぷつ いっしょにホットケーキを 作ってみよう

お母さんといっしょにホットケーキを作る絵本。読んでいると「おいしそうだね」「食べたいね」といった会話が進むことと思います。本当にホットケーキを作りたくなってしまうのが、本書の魅力です。「うちでもやろう」と、日曜日やお誕生日など特別な日に台所に並んで作ってください。本書にならって、フライパンに「どうやって落とす？」「ぽたあん」「表面どうなってきた？」「ぷつぷつ」という会話から始まって、「ぽたあん」や「ぷつぷつ」以外にはどんな音がするかな？　「ぺちゃ」「ぷつぷつ」「ぺちゃあん」？　といったように、本に書いてない音の表現をお子さんが自分で考えられるようになるといいですね。

『しろくまちゃんのほっとけーき』
わかやまけん
こぐま社

気の合う二人がいっしょにいる楽しさ歌いながら読んでみよう

ねずみのぐりとぐらは大の仲良しです。「ぼくらの　なまえは　ぐりと　ぐら」「ぐり　ぐら　ぐり　ぐら」「このよで　いちばん　すきなのは　おりょうりすること　たべること　ぐり　ぐら　ぐり　ぐら」。読んでいれば、メロディが自然に生まれてきます。いっしょに歌ってみましょう。歌う楽しさを味わえる一冊です。そしてぐりとぐらが見つめ合っている感じがとてもかわいらしい。互いのことを大好きな二人がいっしょにいる楽しさが伝わってきます。気の合う相手といっしょにいることの楽しさや尊さが詰まっています。くまのぬいぐるみでもいいのでコンビを組んで歌いながら読んでみても楽しいでしょう。

『ぐりとぐら』
中川李枝子／絵 大村百合子
福音館書店

シンプルなデザイン 心にすっと入ってくる 幸福な時間

世界40言語以上に訳されている、国境を越えて愛されているディック・ブルーナのミッフィー（うさこちゃん）シリーズです。1歳児向けから4歳児向けまで、年齢に合わせたセットが用意されています。

シンプルで鮮やかなデザイン。心にすっと入ってくるストーリー。子どもの心に寄り添ったこの作品は、ブルーナ自身が子ども時代にうさぎと遊んだ幸福な時間から生まれました。たくさんの動物がうさこちゃんの誕生を祝福します。

ブルーナは、自分の幸福だった時代を、子どもたちに伝えたかったのです。

『ちいさなうさこちゃん』
ディック・ブルーナ／訳 石井桃子
福音館書店

気持ちは言葉にしないと伝わらない「だいすきだよ」魔法の言葉

エルフィーという名前の犬を飼っていた「ぼく」のお話です。エルフィーと「ぼく」はいっしょに育ち、だいの仲良しでしたが、いつしかエルフィーのほうが先に歳をとります。散歩も嫌がるようになり、まもなく亡くなります。「ぼく」は悲しくてたまらなかったけど、いくらか気持ちが楽でした。なぜなら「ぼく」は毎晩、「ずーっとだいすきだよ」とエルフィーに伝えていたので。毎晩伝えていたから、悲しさにも耐えることができました。じぶんの気持ちは言葉にしないと伝わらない。「ずーっとだいすき」それは、魔法の言葉。エルフィーと「ぼく」が教えてくれるたいせつなことです。

『ずーっと　ずっと　だいすきだよ』
ハンス・ウィルヘルム／訳 久山太市
評論社

人を思いやる 人に優しくする 人として大切なこと

そらまめくんはふわふわのベッドが宝物です。えだまめくんやさやえんどうさんたちが「眠ってみたい」とやってきますが、誰にも使わせようとしません。子どもは自分の物を独占したがるものですが、そういうときには「そらまめくんのベッド」読んだよねって話しましょう。そらまめくんのベッドではうずらが卵を産んだのです。その間、ベッドが使えなかったそらまめくんに対して、えだまめくんやさやえんどうさんたちは優しく接します。そらまめくんは自分の心が小さかったことを恥ずかしく思うようになります。人を思いやることのよさが詰まった一冊です。

『そらまめくんのベッド』
なかやみわ
福音館書店

もうさみしくないよ ひとりぼっちのぐるんぱの成長物語

ひとりぼっちでさみしくて時々涙を流しながら暮らしていたぐるんぱ。仲間たちが川でゴシゴシ洗うと見違えるほどりっぱになり、働きに出かけます。ところがびすけっとを作っても、お皿を作っても、くつを作っても、大きすぎて役に立てません。「もうけっこう」と追いだされてぐるんぱはしょんぼりです。切ないお話ですが、ハッピーエンドが待っています。ぐるんぱが開いた幼稚園では大きなびすけっともくつもお皿も大活躍。さみしくても悲しくてもめげなかったぐるんぱは、最後にちゃんと、自分のサイズに合った幸せを摑むことができました。

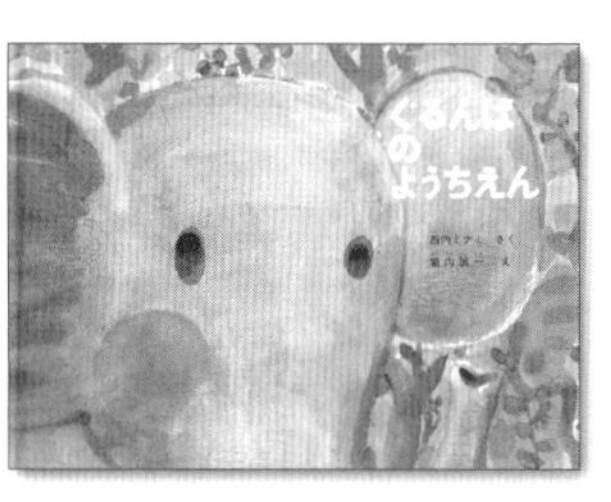

『ぐるんぱのようちえん』
作 西内ミナミ／絵 堀内誠一
福音館書店

ラチという弱虫の男の子の話です。犬も、暗い部屋も、友だちさえも怖いのです。そんなラチの元に、小さな赤いライオンがやってきます。その小さな赤いライオンが、ラチに勇気をつけてくれる。ドラえもんみたいなものですね。のび太みたいな子がだんだん勇気を出して強くなる。「つよくなるのには、まずたいそうをするんだよ」といってライオンが教えてくれる体操はぜひいっしょにやってみてください。臆病な子はたくさんいると思うんです。世のなかが怖く見えるのは当たり前です。それでいいのです。この絵本を読んでいたら、「小さい赤いらいおんがいたね」って勇気が出てくると思います。

『ラチとらいおん』
マレーク・ベロニカ／訳 徳永康元
福音館書店

死をどう受け止めるか 死をどう迎えるか 死を描いた名作

死を描いた名作です。じぶんの死が近いことを知っているアナグマと、アナグマの死後、やりきれない悲しみを抱える森のみんな。死は怖くてさびしいものに思えますが、この絵本を読むと、気持ちがあたたかくなります。アナグマは生きている間に、森のみんなにたくさんの知恵と工夫を授けていました。アナグマは死んでも心が残ることを知っていたのです。悲しみに暮れていた森のみんなも、アナグマの思い出を語り合うことで元気になります。誰もが必ず経験する大切な人の死。そのとき、このお話を思い出せるといいですね。教えてもらったこと、残してくれた温もりは、死の後も消えることはありません。

『わすれられないおくりもの』
スーザン・バーレイ／訳 小川仁央
評論社

いつもいつもいつまでも きみといっしょに いられますように

しろいうさぎとくろいうさぎ。仲よしで、いつもいっしょに遊んでいますが、時折くろいうさぎが悲しそうな顔をします。どうしたの？　としろいうさぎが尋ねると、くろいうさぎは「ねがいごとをしているんだよ」「いつもいつも、いつまでも、きみといっしょにいられますようにってさ」と答えました。そうして、彼らは結婚するのです。

今の時代、必ずしも結婚が幸せへの道ではないともいわれますが、家族になるとはどういうことか、誰かといっしょに過ごすことの尊さを感じてもらえればと思います。ふんわりとした画風で優しいタッチです。

『しろいうさぎとくろいうさぎ』
ガース・ウイリアムズ／訳 松岡享子
福音館書店

いたずら好きでお風呂が嫌い家族が大好きなハリー

お風呂が大嫌いなくろぶちの白犬ハリー。外で真っ黒になるまで遊んでどろんこまみれのため、家に帰っても家族は誰もハリーだと気づいてくれません。気づいてもらいたくて、ハリーはいろいろ試みますが、しまいには、自分が庭に隠したブラシを掘りだし、おふろに飛び込みます。あんなにおふろが嫌いなのに、ブラシで「洗ってください」とお願いするのです。いたずら好きのハリー、家族が大好きなハリー、お風呂ですっかりきれいになって、元の黒ぶちの白犬に戻ったハリー。ハリーの愛らしさをお子さんといっしょに楽しんでほしいです。お風呂嫌いのお子さんにもぴったりの一冊です。

『どろんこハリー』
文 ジーン・ジオン／絵 マーガレット・ブロイ・グレアム
訳 渡辺茂男
福音館書店

海の世界を知る スイミーたちの気持ちになってみる

海のなかの様子がきれいな色と豊かな想像力で表現されています。「きれいだね」「何がある？」と、お子さんといっしょに海の世界を味わってください。主人公のスイミーはどうしたら自分たち小さい魚が大きな魚に食べられることなく、対抗できるかを考えます。「スイミーはどんなことを思いついたのかな？」そんな問いかけをしてみましょう。困難に直面しても、勇気とアイデアで立ち向かう。一人では太刀打ちできないことも、みんなの力を合わせて「チームの力」を使えばうまくいく。スイミーだけ、みんなと違う色。でもそのおかげでうまくいく。水族館で「スイミーがいるよ」などと話すのも楽しいです。

『スイミー　ちいさなかしこいさかなのはなし』
レオ＝レオニ／訳 谷川俊太郎
好学社

空の上には何があるのか
好奇心と勇気
アイデアと行動力

ワクワクする冒険の物語です。豆が木になって伸びていく発想がまずおもしろい。生命力を味わってください。子どもの頃に僕も読み、どこまでも空を登っていくジャックがうらやましくて仕方がなかったし、空の上には何があるのだろう、何がこれから起きるのかと心が躍りました。実際、空の上には恐ろしい人くいおにがいる。ところがジャックは怯みません。怖がることなく、立ち向かっていく。イキイキと、おにと対峙するのです。

好奇心と勇気。アイデアと行動力。強くたくましく生きるジャックに魅せられる一冊です。

『ジャックとまめの木』
文 森山京／絵 村上勉
小学館

いたずらを笑って受け止めていっしょに楽しむ

世界的な大ベストセラーです。さるのジョージは好奇心旺盛でいたずら好き。動物園から抜けだして、町に繰りだしますが、レストランでスパゲッティを体に巻きつけながら食べたり、壁にペンキでジャングルを描いたり、行く先々で事件を起こし、とうとう足を折ってしまいます。

「ジョージ、また変なことしちゃったね」「こんなことしておもしろいね」と、ジョージのいたずらをお子さんといっしょに楽しめるとよいでしょう。いたずらは、成長に欠かせない大事なプロセス。どんないたずらも、否定ではなく肯定で、笑いで受け止めてください。

『ひとまねこざる』
H.A.レイ／訳 光吉夏弥
岩波書店

好奇心旺盛
いたずら好きの
コンビがくり広げる

私はこのシリーズをほとんど全部持っています。なぜ持っているかというと、あまりにもかわいいから。リサがいかにもないたずらっ子で、「ワーイワーイ」といいながら好奇心で動き、だいたい失敗する。犬のいたずらそのものなんですね。リサとガスパールの白黒のコンビも絶妙。手描きの絵のタッチも味わってもらえればと思います。

このシリーズは「えいがにいく」「ゆうえんちへいく」「レストラン」などバリエーションも豊富。「ニューヨークへいく」「とうきょうへいく」などは旅気分も味わえます。

『リサとガスパールのであい』
文 アン・グッドマン
絵 ゲオルグ・ハレンスレーベン／訳 石津ちひろ
ブロンズ新社

りこうなねこの物語 フィッシャーのゆたかな絵の世界を

原作はシャルル・ペロー。絵と物語にまとめたのがハンス・フィッシャー。ねこが長ぐつをはいて、飼い主のために大活躍。王様の信頼を得て、まほう使いの大男をやっつけて、お金持ちになります。りこうなねこの物語です。さいごに長ぐつを脱ぐと、ねこはホッとします。フィッシャーが描くねこには、子どもがなぞりたくなるような親しみやすさが感じられます。

読み終わった後は、画用紙に、ねこの絵をいっしょに描いてみる楽しみ方もできるでしょう。

『長ぐつをはいたねこ』
ハンス・フィッシャー／訳 矢川澄子
福音館書店

みんなが力を合わせて最後にスポーンと抜ける爽快感とカタルシス

定番です。かぶを抜くためにどんどん人が増えていくところが特徴です。くり返し出てくる「うんとこしょ　どっこいしょ」という言葉は、たとえば物を運ぶときなどに「手伝ってね」といっしょにいいながらやるのもよいでしょう。人と人とが力を合わせ、最後にスポーンと抜ける爽快感を味わえるのが本書の魅力。抜けない抜けない抜けない、そして一気にドーンと抜けるカタルシスを、絵本でも、生活のなかでも味わえるでしょう。

ロシア民話のため、「こんなふうに髪の毛をハンカチーフで束ねているね」といった具合に、外国の文化について話すこともできます。

『おおきなかぶ』
再話 A・トルストイ
訳 内田莉莎子／画 佐藤忠良
福音館書店

動物が次々に入り込む心あたたまるウクライナの民話

ウクライナ民話です。いろいろな国の民話を読むことは大事です。ウクライナという国は日本から縁遠い感じがするかもしれませんが、この本を読むと、雪が降る場所なんだなとわかると思います。

おじいさんが落としたてぶくろにねずみが入り込み、カエルが入り込み、うさぎが入り込み、と、どんどん入ってしまう。さらにオオカミも、いのししも、くままで。みんながぎゅうぎゅうになりながら、おうちのようにてぶくろに入り込むのがおかしみになっています。雪国のお話なのに、あたたかさを感じる、かわいい一冊です。

『てぶくろ』
絵 エウゲーニー・M・ラチョフ
訳 内田莉莎子
福音館書店

騙そうとするおおかみ 騙されまいとするこやぎたち 残酷なラストとは

おおかみがあの手この手を使って、七ひきのこやぎの家に押し入ろうとします。騙そうとするおおかみと、騙されまいとするこやぎたちの攻防が読みどころです。本書は絵がリアルな分、おかあさんが帰ってきたと思ってこやぎたちがうれしそうにドアを開ける様子や、開けた途端おおかみが現れる恐怖、その後、帰宅したおかあさんやぎが悲しむ様子などがじわじわと伝わってきます。七ひきがそれぞれどこにどんなふうに隠れたか、追ってみましょう。最近では「おおかみと仲良く暮らしました」というハッピーエンドバージョンもあるようですが、本書のラストは残酷。大きな印象を残す一冊です。

『おおかみと七ひきのこやぎ』
絵 フェリクス・ホフマン／訳 瀬田貞二
福音館書店

よくわからないもの
怖いものの存在が大事
怖さを感じて心が育つ

『三びきのやぎのがらがらどん』
絵 マーシャ・ブラウン／訳 瀬田貞二
福音館書店

主人公はがらがらどんという名の三びきのやぎ。山の上にある草場に行きたくて、橋を渡ろうとしますが、橋の下には気味の悪い「トロル」が待ち構えている。この「トロル」という、よくわからない「怖いもの」が登場するのが、本書の醍醐味です。「怖いもの」の存在は子どもにとって大事なこと。怖さを感じること自体が感性で、心が育つということでもあります。二ひきのやぎは機転を利かせて難を逃れ、そして現れた三びきめ。大きな図体の迫力満点のやぎの登場でトロルはあっけなくやられてしまうのです。トロルはどうしたらよかったかな？やぎ、トロル、両方の立場をお子さんと話してみるといいでしょう。

怖そうに見える三にんぐみは、実はすてきな三にんぐみ

怖そうに見える三にんぐみですが、実はそんなに怖い人たちではないというのがポイントです。困っている子どもたちを集めて、三にんぐみは一生懸命世話に励みます。それが町になる。町の塔は三にんぐみの顔のようです。絵を見ながら、「三にんぐみはどこにいるかな？」「なんでこの塔は建ったんだっけ？」そんな質問を投げかけるといいでしょう。

三にんぐみは同じように見えながら、実は帽子の模様が少しずつ違う。一見悪そうに見える三にんぐみが実はすてきな三にんぐみ。そのあたりをいっしょに楽しめるといいですね。

『すてきな三にんぐみ』
トミー・アンゲラー／訳 今江祥智
偕成社

用意周到さ、賢さ、機転 三びきのこぶたが教えてくれること

一ぴきめのこぶたは藁で、二ひきめのこぶたは木の枝で家を建てるのですが、どちらも簡単におおかみに吹き飛ばされてしまう。そこで登場するのが三びきめのこぶた。彼が建てた煉瓦の家は、おおかみがいくら吹き飛ばそうとしてもビクともしません。腹を立てたおおかみは次々と騙しの誘いをしかけますが、三びきめのこぶたは用心深い。実にうまくおおかみをかわす。この三びきめのこぶたの賢さに、お子さんといっしょに注目しましょう。厳しい世のなかをわたっていくための用意周到さ、賢さ、機転といった教訓を感じとってもらえるとよいでしょう。

『三びきのこぶた』
訳 瀬田貞二／絵 山田三郎
福音館書店

ロシアの文豪がイギリス民話をアレンジ 小さな侵入者と家族の話

ロシアの大文豪トルストイがイギリス民話をアレンジ。ロシア風の名前がついた親子3びきのくまの留守宅にひとりの女の子が迷い込みます。お腹をすかせて戻ってきた3びきは家の異変に気づき……。3びきのくまが同じセリフを次々と口にし、同じことに3びきが3回驚く。反復性がこの作品のおもしろさになっています。女の子が我が物顔で留守宅を楽しむ様子と、それに驚くくまの親子。そのやりとりを楽しんでください。

『3びきのくま』
文 トルストイ／絵 バスネツォフ
訳 小笠原豊樹
福音館書店

アンデルセンの有名なお話を、『ちいさいおうち』の著者であるバージニア・バートンが絵にしました。おろかな者には見えないという触れ込みを大人全員が信じて、美しい服が見えるふりをする。小さな子どもだけが真実を突いて、「王さまははだかだ」と口にする。この子どもの行動について、お子さんと話してみましょう。どうして子どもだけ本当のことがいえたのかな？　どうして大人たちは見えないのに見えるっていっちゃったんだろう。「はだかの王さま」は、周りの人はそう思っていないのに、自分ひとりえらいと思って威張っている人のことをいうんだよということも教えてあげてほしいです。

『はだかの王さま』
作 アンデルセン／絵 バージニア・リー・バートン
訳 乾侑美子
岩波書店

アンデルセンの名作を いわさきちひろが彩る 悲しく美しい物語

童話の王さまといってもいいアンデルセンの名作を、いわさきちひろさんの儚く美しい絵が彩ります。王子を好きになってしまった人魚姫は人間になるために足を得て、代わりにきれいな声を失い、王子が別の人と結婚したら、泡となって消える運命を背負います。最後に王子を殺して自分が生き延びるチャンスが訪れますが、人魚姫は自分が死ぬほうを選びます。胸が張り裂けそうなほど悲しい物語。悲しいけれど美しい話です。絵本はこう結ばれています。「にんぎょひめはあさひのひかりのなかで、 あわになってしずかにきえていきました。かなしみではなく、ひとをあいしたよろこびにつつまれながら……」。

『にんぎょひめ』
作 アンデルセン
文 曽野綾子／絵 いわさきちひろ
偕成社

旅人のコートをどう脱がせるかイソップ物語の代表作

イソップ物語にはたくさんのお話がありますが、なかでも代表的な一編です。おもしろいところは「旅人のコートをどう脱がせるか」をめぐって、きたかぜとたいようが競い合うところ。きたかぜとたいようの方法は全く異なります。このお話は他の状況にも応用できます。きたかぜのように厳しくするか、それともたいようのようにやさしくするか。寓話のいいところは、そのお話を知っていると、大人になってからも「きたかぜとたいよう」のように発想が豊かになることです。考え方のベースを教えてくれる一冊です。

イソップ物語は基本なので、まとめて読み聞かせしてあげてください。

『きたかぜとたいよう』
イソップえほん
文 蜂飼耳／絵 山福朱実
岩崎書店

有名なグリム童話に
ハンス・フィッシャーの絵
物語の展開も爽快

世界で有名なグリム童話にハンス・フィッシャーが素晴らしい絵をつけました。飼い主からそれぞれ見放されてしまったロバと犬と猫とおんどりが「ブレーメンの音楽隊に入ろう」と揃って出かけるお話。まずその発想が楽しいです。たどり着いたのが泥棒の家で、泥棒たちを追いだしてしまうという物語の展開もユニークです。生き残ろうと、四者が知恵を絞り、がんばる。生きる強さも伝わってきます。「おもしろいね」「どうして音楽隊に入ろうと思ったんだろうね」などと話しながら、フィッシャーの素晴らしい絵の世界に浸かりましょう。こうした一流の絵を経験できるのも絵本のよいところ。楽しみましょう。

『ブレーメンのおんがくたい』
グリム／絵 ハンス・フィッシャー／訳 瀬田貞二
福音館書店

壮大な草原を舞台に少年と馬の友情を描くモンゴルの民話

モンゴルの民話です。服装も家の様子も景色も日本とは違う。たくましい若者たちが馬に乗って走り回る。モンゴルならではの雰囲気を味わってください。

本書が描くのは少年と動物の友情です。強く惹かれ合う少年と白い馬。馬が死ぬ場面は悲しいのですが、死んだ馬から馬頭琴（ばとうきん）という楽器が生まれます。奏でるたびに、白い馬に乗って草原をかけ回った楽しさや、大切な馬を殺されたくやしさが思い出される。

音色は聴く人の心を揺り動かすのです。

『スーホの白い馬』
再話 大塚勇三／画 赤羽末吉
福音館書店

世界中から舞い込む手紙 いっしょに世界旅行をしている気分に

フェリックスという名のぬいぐるみのウサギが世界中を旅する本です。私も自分の子どもに読み聞かせたところ、大のお気に入りとなりました。ロンドン、パリ、イタリア、エジプト、ケニア、ニューヨーク……フェリックスが世界各地を旅し、その様子を手紙に認め(したた)め、ドイツに住むソフィーに送ってきます。それぞれの手紙は手書きで、封筒に入っています。なんとも凝った造本です。実際に手紙をもらったような、幸せな気分になります。最後にはおみやげが詰まったトランクまで！　一体どんなプレゼントが入ってるのでしょう？　見て楽しい、読んで楽しい、人に贈りたくなる一冊です。

『フェリックスの手紙　小さなウサギの世界旅行』
話 アネッテ・ランゲン
絵 コンスタンツァ・ドロープ／訳 栗栖カイ
ブロンズ新社

かいじゅうたちの顔に注目 絵を見るだけでワクワクしてくる魅力的な一冊

いたずら好きのマックスが主人公。お母さんからお仕置きをされて寝室にほうりこまれますが、なんのその。マックスは船に乗って旅に出かけ、かいじゅうたちのいるところでかいじゅうたちの王さまになります。マックスとかいじゅうたちがいっしょに遊ぶのですが、これが本当に楽しそうで、絵を見ているだけでワクワクします。

新しい場所に出かけていって、かいじゅうのような 怖そうな未知のものがいても、怯むことなく楽しむ。マックスのそのたくましさがこの絵本の大きな魅力です。ダイナミックなかいじゅうたちの顔にも注目です。

『かいじゅうたちのいるところ』
モーリス・センダック／訳 神宮輝夫
冨山房

特徴的なラッパの音と長新太さんの魅力的な絵で楽しい気分に

王さまが王さまらしく振る舞おうとしながらも、こころのなかでは別のことを考えている。そこでたまごやきが王さまの秘密をばらしてしまうんですね。ユーモア溢れるおもしろいお話です。

朝のあいさつややすみじかん、晩ごはんなど、時を知らせるラッパの音「テレレッテ トロロット プルルップ タッタター」が特徴的です。これを読むと子どもが喜ぶので、僕自身何十回となくこの絵本を読み聞かせた記憶があります。長新太さんの絵には、大人も子どもも惹きつけられる魅力があります。ページをめくるだけで楽しい気分になる一冊です。

『おしゃべりなたまごやき』
寺村輝夫／画 長新太
福音館書店

「寿限無」という落語の前座噺です。僕自身が子どもの頃に覚えて自信につながったので、総合指導という立場で関わっているNHK・Eテレの「にほんごであそぼ」の企画段階で強力に推奨し、結果、日本中で大ブームが起きました。とにかく「寿限無寿限無五劫の擦り切れ」から始まるこの長い名前が効いています。縁起のいい名前がどんどんつながって、長生きの言葉になっています。「寿限無」といったら、「五劫の擦り切れ」という具合に交代交代に、もしくはお母さんが「寿限無寿限無」といったらお子さんもくり返す「復唱方式」を試してください。楽しみながら覚えて遊ぶ一冊です。

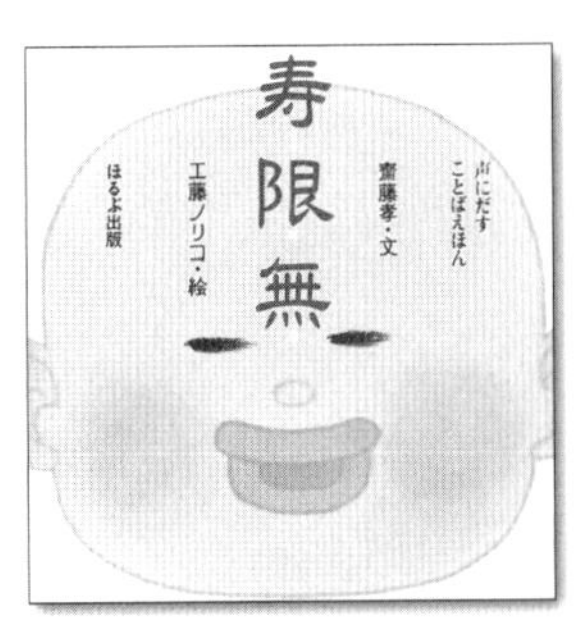

『寿限無』
声にだすことばえほん
文 齋藤 孝／絵 工藤ノリコ
ほるぷ出版

いちばん古い物語 月から来て月に帰ってゆくお姫さまの物語

元は『竹取物語』です。「今は昔、竹取の翁といふ者ありけり」から始まる、古文のなかでもいちばん古い物語。

古いですが、物語の原型ともいえるほど完成しています。

輝く竹を割ってみると、なかにはかわいらしい女の子が。輝くばかりに美しい娘に成長した「かぐやひめ」と結婚しようと5人の男たちが次々に挑戦しますが、かぐやひめのお眼鏡に叶(かな)う者はいません。

月から来て月に帰ってゆくお姫さまの物語。その発想の豊かさと美しさをお子さんといっしょに味わってください。

『かぐやひめ』
文 舟崎克彦／絵 金斗鉉
小学館

つるの姿の美しさ
つるの思いの美しさ
さまざまな美しさ

いわさきちひろさんの絵が素晴らしい。一ページ一ページ、めくるごとに「あぁ、きれいだね」と、まずは絵の美しさをいっしょに味わってください。おじいさんとおばあさんに助けられたつるは恩返しとして、自分の羽を抜いて機（はた）を織ります。「はたをおっているところは、けっしてみないでください」と繰り返し伝えるのですが、「けっしてみないでください」といわれるほど見たくなってしまうのが人間の心理です。見られてしまったつるは、後ろ髪を引かれるように思いを地上に残したまま、空へと舞い上がります。その姿の美しさ、つるの思いの美しさ、命を削って織った反物の美しさ。さまざまな美しさを感じてください。

『つるのおんがえし』
文 松谷みよ子／絵 いわさきちひろ
偕成社

川底に住むカニの気持ちに
不思議な世界に
引き込まれる

小学6年の教科書に載っていることが多い不思議な童話です。カニの兄弟が水底で会話を交わしている。「クランボンはわらったよ。」「クランボンはかぷかぷわらったよ。」この2行だけでも宮沢賢治のすごさが伝わってきます。「クランボン」が何かがわからない。「かぷかぷわらった」というのもわからない。それでも一体何が起きているのかと、惹きつけられます。読者は水のなかから世界を見上げ、カワセミの怖さや、やまなしの匂いを感じるでしょう。いつの間にか、自分が人間ではなく、川の底に住むカニに変身したように思える。人間とは違う世界があることがわかる。自己中心性から離れる経験ができます。

『やまなし』
作 宮沢賢治／絵 田原田鶴子
小学館

おやゆびくらいしかない男の子が主人公。いくつになっても大きくならず、村の子どもたちからばかにされてばかり。いっすんぼうしは大事に育ててくれたおじいさんとおばあさんからおいとまをもらい、都に上ります。ひとはたらきしようというのです。子どもはそもそも小さいので、いっすんぼうしに気持ちを重ねやすいでしょう。とくに小さく生まれた子や、発育が遅れてまわりより体が小さい子にとって、「いっすんぼうし」は自信につながります。見た目の大きさに惑わされることなく、強い心と勤勉さを持って生きれば道は拓(ひら)ける。勇気と希望が湧いてくる名作です。

『いっすんぼうし』
文 石井桃子／絵 秋野不矩
福音館書店

お地蔵も寒かろうと考える優しさにじーんとくる

『かさじぞう』
松谷みよ子／絵 黒井健
童心社

日本の民話です。おじいさんはかさを売りに出かけますが、なかなか売れず、年越しに食べる物も十分に買えないまま帰宅の途につきます。道すがら、寒そうにしていたお地蔵さんの頭の上に、売れ残ったかさをかぶせてあげます。家で待っていたおばあさんも「それはよいことをしなすった」と喜んでくれました。「お地蔵も寒かろう」と考えるおじいさんとおばあさんの優しい気持ちを、お子さんといっしょに味わってほしいなと思います。最後、おじいさんとおばあさんの元にはかさをかぶったお地蔵さんがやってきます。手にはたくさんの食べ物を持って。

優しさにホロリ
誰かを想う気持ちの尊さ
鬼同士の友情を描く

鬼同士の友情のお話です。人間と仲よくなりたいのに、人間のほうはあかおにを警戒してばかり。そんなあかおにに、友達のあおおにはある提案をします。あおおにがらんぼう者の悪者を演じて、あかおにがあおおにを退治すれば、あかおには人間たちと仲よくなれるはずだというのです。さて、どうなることでしょう。

あおおにがあかおにを想う優しさにホロリとさせられる、そしてそんなあおおにの優しさに気づいたあかおにが泣いてしまう、誰かが誰かを想う気持ちの尊さを感じられるお話です。

『ないたあかおに』
浜田廣介／絵 池田龍雄
偕成社

大切なことが詰まってる わら一本から始まるドラマ 原動力は心根の優しさ

この本は、私自身が子どもの頃、大好きだった一冊です。

何をやってもうまくいかなかった若者が、ある日、観音さまからお告げを受けます。

「明日の朝、さいしょに拾った物を大切にしなさい」

若者が手にしたのはわら一本。しかし、わらは次々に交換されていき、最後には幸せなエンディングが待ち受けています。

小さなひとつの出来事をきっかけに人生が好転する。その原動力になっているのは、若者の心根の優しさです。

夢があってワクワクすると同時に、生きる上で大切なことを教えてくれる一冊。

『わらしべちょうじゃ』
文 杉山亮／絵 高畠那生
小学館

川に橋をかけようとする大工と鬼の知恵比べ参加してみよう

大工が川に橋をかけようとすると、鬼が現れて「おまえのふたつのめんたまくれるなら、わしがかわりにはしをかけてやってもええぞ」という。

昔の人は、「川には魔物がいる」といったものでした。川に橋をかけるのは、命がけの一大事だったのです。

「目玉をよこせ」という鬼と、目玉をとられたくない大工。

大工の気持ちになって、「目玉を渡したくないね」「何とかできないかな」と知恵を出しながら読み進めるとよいでしょう。鬼は自分の名前をあてたら許してやるぞといいます。はてさて、大工はこのピンチを切り抜けられるか。

『だいくとおにろく』
再話 松居直／画 赤羽末吉
福音館書店

手が寒くて
ちんちんする
あたたかくて優しい

『ごんぎつね』もそうですが、新美南吉(にいみなんきち)さんは教師をやっていたので、子どもたちに対する目があたたかい。この作品はあたたかさと同時に、ドキドキ感が伝わってくる一冊です。

手ぶくろを買いに町に出かける子ぎつねを、お母さんがすごく心配します。ところが子のほうは案外へっちゃら。なぜなら経験が浅いため、人間の怖さを知らないからです。町に行くと明るさがあって、子ぎつねの華やぐ気持ちがわかる。「手が寒くてちんちんする」という言葉が印象的です。手袋の季節になると読みたくなる一冊です。

『手ぶくろを買いに』
新美南吉 / 絵 黒井健
偕成社

切り絵ならではの魅力がたっぷり 誰かのための勇気

斎藤隆介さんと滝平二郎さんのコンビ・シリーズの4作目です。普通の絵本とは一味違う、切り絵ならではの独特の魅力を味わってください。

『モチモチの木』は臆病な豆太が主人公。夜、外におしっこに行くのが怖いんですね。ところがいっしょに暮らすおじいさんが病気になったとき、豆太は恐怖心を忘れ、医者を呼びに夜道を駆け抜けた。自分のことだと怖いけれど、大切な人のためなら怖くない。人を想う優しさと勇気がテーマのお話です。

モチモチの木が美しく光るシーンが印象的です。女の子が主人公の『花さき山』もどうぞ。

『モチモチの木』
作 斎藤隆介／絵 滝平二郎
岩崎書店

極楽にたどり着こうとも
糸がプツンと切れて
地獄に真っ逆さま

『蜘蛛の糸』
芥川龍之介／絵 遠山繁年
偕成社

お釈迦様のいる極楽の様子と、地獄の様子の違いが、絵から伝わってきます。「極楽はどんな感じ？　地獄はどんな感じ？　どんな違いがあるかな？」とお子さんといっしょに確認しながら読むとよいでしょう。絵に描いてあるものを口に出して説明するのも、絵本を読むよさです。このお話は長いので、部分読みでもよいと思います。

上からすっと垂れてくる美しい蜘蛛の糸にすがる主人公。自分だけ助かろうと、下から続く人々に「下りろ！」とわめくと、自分がぶら下がっているところで糸が切れてしまう。はかない糸がプツンと切れる感覚を味わってください。

国民的ベストセラー猫だって笑わないとは限らない

明治時代の国民的大ベストセラーです。原作はもっとずっと長い話ですが、最初の猫のところだけをとりだして絵本にしました。

「吾輩は猫である」というタイトルがまず画期的。そして「吾輩」と、猫が自分のことをいうところがおもしろい。最後「猫だって、笑わないとは限らない」というオチで終わる。「猫も笑う」という発想も秀逸。武田美穂さんの絵がまた素晴らしい。漱石の雰囲気も、明治時代の暮らしの様子も伝わってきます。「吾輩は○○である」というふうに、自分の名前を入れて、猫から見た人間社会を疑似体験してみるといいでしょう。

『吾輩は猫である』
声にだすことばえほん
夏目漱石／編 齋藤 孝／絵 武田 美穂
ほるぷ出版

さいしょは読み聞かせで徐々に一人読みを児童書へのかけ橋

児童書のジャンルに入ります。お子さんがひとりで読んでもいいし、さいしょは読み聞かせもいいでしょう。ペンギンのたんけんたいが50人乗りのカヌーに乗ってエンヤラ、ドッコイ。エンヤラ、ドッコイ。とやってきます。隊列をなして南の島に上陸したのです。島にはライオンやへびやワニなど、危険な動物もいるのですが、たんけんたいは目もくれません。エンヤラ、ドッコイ！　というかけ声でどんどん進んでいくのです。一体たんけんたいの目的は？　この本のおもしろいところはライオン目線で物語が語られているところです。最後の種明かしについて、お子さんと話してみてください。

『ペンギンたんけんたい』
作 斉藤洋／絵 高畠純
講談社

はじめてのドキドキ感を見守って、子どもの「はじめて」に備える

この本には、はじめてのドキドキ感がさまざまに描かれています。ままからおつかいを頼まれて、みいちゃんは「飛び上がります」。ままから預かったお金を「しっかりにぎりしめ」、出かけます。途中、自転車とすれ違うときには「へいにぺたっと」くっつきます。はじめてでドキドキすることばかりですが、みいちゃんは勇気をふりしぼる。みいちゃんが一生懸命向かっていく様子を、お子さんといっしょに見守ってください。そしてお子さん自身の「はじめて」に備えてあげて。人生は「はじめて」の連続です。それをお子さんが楽しい気持ちで迎えられるように、みいちゃんの頑張りを、いっしょに経験してほしいと思います。

『はじめてのおつかい』
作 筒井頼子／絵 林明子
福音館書店

暗くて狭くてすこし怖いおしいれから始まる壮大な冒険

おしいれというのは、暗くて狭くて、子どもにとってはすこし怖いけど、不思議な空間です。壁には穴があったり、模様があったり。どこか別の世界に続いているような、そんな想像ができる場所かもしれません。だから僕は子どもの頃、おしいれのなかで寝るのが好きでした。

本書に出てくる二人の男の子はお仕置きとしておしいれに入れられますが、そこから壮大な冒険が始まります。暗闇や下水道や不気味なねずみばあさんに恐怖心を抱きながらも、二人だから勇気も出てくる。助け合い、力を与え合う。二人はおしいれの冒険を経験することによって成長します。

『おしいれのぼうけん』
古田足日　田畑精一
童心社

「あしたの日記」に書いたデタラメが次々に起きる爆笑必至のお話

この本は、字がわかるようになってからお子さんが自分で読むチャレンジの一冊目になるといいでしょう。小学3年生の男の子が主人公。毎日書いている日記をお母さんがこっそり読んでいたことを知って、主人公はなんとかお母さんをぎゃふんといわせられないかを考えます。それで「あしたの日記」を書くことにしたのです。デタラメを書くのですが、それが次々に現実になる……。めちゃくちゃなことが次々起きて、爆笑必至です。本を読むのっておもしろいなと思うことが、次の本を読むことにつながります。「あしたの日記」をお子さんといっしょに書いてみるのもいいでしょう。

『はれときどきぶた』
矢玉四郎
岩崎書店

りんごから世界が グッと広がって見える 哲学的な問いかけも

大ヒット作で外国語にも訳されています。りんごかもしれないといいながら、「はんたいがわはミカンかもしれない」あるいは「あかいさかながまるまっているのかもしれない」などと、りんごの存在性に関するあらゆる可能性を追求する画期的な絵本です。デカルトは何でも疑えといいましたが、ここまで、さまざまなアイデアが出てくるところがおもしろいです。お子さんとも、「何に見える？」という話をしてもいいでしょう。さらに、りんごにも心があるのかもしれないと考えたり、存在の理由を考えたり、哲学的な問いかけも登場します。りんごひとつから世界がぐっと広がって見える奇跡のような一冊です。

『りんごかもしれない』
ヨシタケシンスケ
ブロンズ新社

変わり者だけど魅力的　世界最高の小説が描く　絶妙な二人組

世界最高の小説として知られて、岩波文庫からは全6冊シリーズで出てます。小学生なら岩波少年文庫版がオススメです。この絵本は40ページ、魅力は、何といっても、自分を騎士だと思い込んでいる主人公ドン・キホーテという人間そのものにあります。変わり者で、どんどん突っ走る。そのエネルギーを感じてください。ドン・キホーテの傍にはいつもお付きの者サンチョ・パンサがいます。現実的なサンチョは、奇妙なことを口にするドン・キホーテのたしなめ役。「違いますよ。よしなさい」といいながら、サンチョはどんなときもドン・キホーテのそばから離れない。二人は最後まで仲よしです。

『ドン・キホーテ』
原作 ミゲル・デ・セルバンテス
文 石崎洋司／絵 村上勉
講談社

月も星も見えない 都市化の波にのまれる ちいさいおうちの話

季節の移り変わりや自然の美しさに恵まれていたちいさいおうちが徐々に都市化の波にのまれていきます。自動車がやってきて、道路ができて、そのうち周囲には店や家が建ち並びます。電車や地下鉄も走るようになり、人々はますます忙しそうに。さらに高いビルの工事が始まり、夜になっても月も星も見ることができません。

私はこの本を小学校に上がる前に読んで、強い印象が残りました。都市化するよさがある一方で、失われるものもある。本来、地面は土でできていたはずです。土を感じる機会さえない都会の子どもたちにおすすめです。

『ちいさいおうち』
バージニア・リー・バートン
訳 石井桃子
岩波書店

時代ごと見開きで進化の歴史を舞台で観ている気分になる

太陽、地球の誕生から現在までの進化の歴史を絵本で表しています。見開きでひとつの時代を表現しますが、演劇のワンシーンのように幕と場で展開されます。生命の歴史という、壮大な物語を鑑賞しているかのような気持ちになります。

「植物はこんなふうに生まれたんだね」「恐竜が出てきたよ」といった会話をするとよいでしょう。細かいところが難しくても、全体を見通して知ること、絵を見ながら楽しむことで、あとから理解が進むこともあります。まずはいっしょにページをめくることが第一歩です。

『せいめいのれきし
地球上にせいめいがうまれたときからいままでのおはなし』
改訂版
バージニア・リー・バートン／訳 石井桃子／監修 真鍋真
岩波書店

人は何のために生まれ死んでいくのか？壮大な三部作

三部作です。とくに素晴らしいのは、三巻目の『ギルガメシュ王さいごの旅』。人間にとって、永遠の生命とは何か？　何のために生まれ、死んでいくのか？という大きな問いを投げかけています。三巻目にノアの箱舟のようなものが出てくるのですが、実はギルガメシュ叙事詩は世界最古の物語のひとつといわれ、旧約聖書のノアの箱舟より古いのです。一巻は友情と優しさ。人間の根幹を描いています。5000年以上も昔に、世界最初の文字である楔形文字で書き記された物語ですが、内容は今の人間にも通じています。

『ギルガメシュ王ものがたり』
文・絵 ルドミラ・ゼーマン／訳 松野正子
岩波書店

ひらがなと言葉をセットで覚えることができる美しく楽しい学習本

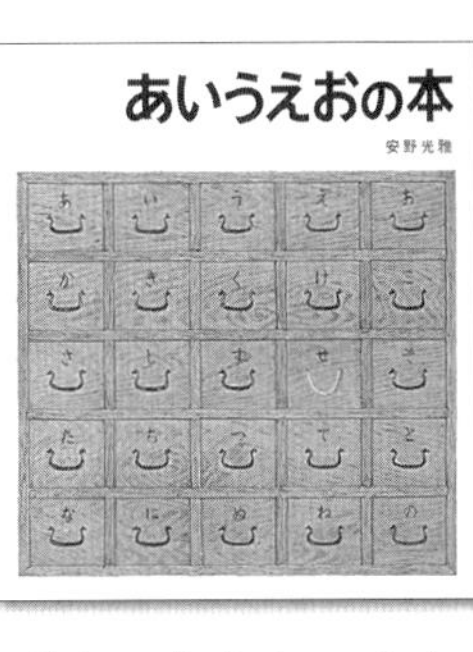

『あいうえおの本』
安野光雅
福音館書店

積み木のように造られたひらがなが左ページに大きくあって、右ページはあたたかみのある絵が説明をしている。たとえば「さ」なら、自転車で逆立ちしている猿がいる。「へ」なら「へのへのもへじ」。積み木のようなひらがなには重みがあり、絵にはユーモアが感じられる。子どもは「さ」は「猿」、「へ」は「へのへのもへじ」「た」は「たい焼き」という具合に、ひらがなと言葉をセットで覚えていきます。これほど美しく、楽しく、ひらがなと日本語を勉強できる本はないでしょう。私自身が自分の子どもの頃に出会いたかった一冊です。

『ＡＢＣの本』もセットでどうぞ。

数学に強くなるために数学的なものの考え方に触れてみよう

数学といわれると苦手意識の強い親御さんも多いと思います。数学に強いお子さんになってほしいとも思いますよね。この絵本は「なかまはずれ」「のり」「じゅんばん」「せいくらべ」という4つの考え方を用いて数学的なものの考え方の基礎を創造的に提示しています。

心を奪われる美しい絵に夢中になっていると、知らない間に数学の考え方が身についている。

数学の世界っておもしろいな、と苦手意識より先に興味を持てる、そんな入り口が用意されています。

『はじめてであう すうがくの絵本』
安野光雅
福音館書店

おまけの絵本リスト

これまで本書で触れてきた絵本と、それ以外に
私が実際に所有している絵本を合わせて100冊選びました。
これらがベストという意味ではありません。
各家庭で、お子さんの興味に合わせて選んでいただくのが
一番です。なるべくバリエーション広く、また、
定番を押さえるように意識してみてください。

★は本書に登場するものです。

★『いないいないばあ』松谷みよこ / 瀬川康男（童心社）p42, p98

★『おつきさまこんばんは』林明子（福音館書店）p42, p99

★『だるまさんが』かがくいひろし（ブロンズ新社）p42, p100

★『もこもこもこ』谷川俊太郎 / 元永定正（文研出版）p25, p101

★『じゃあじゃあびりびり』まついのりこ（偕成社）p25, p102

★『がたん ごとん がたん ごとん』安西水丸（福音館書店）p25, p103

★『はなをくんくん』
ルース・クラウス マーク・シーモント / 木島始（福音館書店）p32, p104

★『もりのなか』マリー・ホール・エッツ / 間崎ルリ子（福音館書店）p32, p105

●『はらぺこあおむし』エリック・カール / もりひさし（偕成社）

★『ねないこだれだ』せなけいこ（福音館書店）p32, p106

●『おやすみなさいおつきさま』
マーガレット・ワイズ・ブラウン / クレメント・ハード / 瀬田貞二（評論社）

★『やさいさん』tupera tupera（学研プラス）p107

★『きんぎょがにげた』五味太郎（福音館書店）p108

★『しろくまちゃんのほっとけーき』わかやまけん（こぐま社）p109

●『ピーターラビットのおはなし』ビアトリクス・ポター / 石井桃子（福音館書店）

●『いいからいいから』長谷川義史（絵本館）

●『うずらちゃんのかくれんぼ』きもとももこ（福音館書店）

★『ぐりとぐら』中川李枝子 / 大村百合子（福音館書店）p46, p86, p110

●『そらいろのたね』中川李枝子 / 大村百合子（福音館書店）

★『ちいさなうさこちゃん』ディック・ブルーナ / 石井桃子（福音館書店）p111

★『100万回生きたねこ』佐野洋子（講談社）p86

★『ずーっと　ずっと　だいすきだよ』
ハンス・ウィルヘルム / 久山太市（評論社） p46, p112

●『ふたりはともだち』アーノルド・ローベル / 三木卓（文化出版局）

★『そらまめくんのベッド』なかやみわ（福音館書店） p113

★『ぐるんぱのようちえん』西内ミナミ / 堀内誠一（福音館書店） p114

★『ラチとらいおん』マレーク・ベロニカ / 徳永康元（福音館書店） p115

★『わすれられないおくりもの』スーザン・バーレイ / 小川仁央（評論社）
p46, p116

★『しろいうさぎとくろいうさぎ』
ガース・ウイリアムズ / 松岡享子（福音館書店） p117

★『どろんこハリー』
ジーン・ジオン / マーガレット・ブロイ・グレアム / 渡辺茂男（福音館書店） p19, p118

★『スイミー』レオ=レオニ / 谷川俊太郎（好学社） p47, p119

★『ジャックとまめの木』森山京 / 村上勉（小学館） p37, p38, p120

★『ひとまねこざる』H.A.レイ / 光吉夏弥（岩波書店） p30, p121

★『リサとガスパールのであい』
アン・グッドマン / ゲオルグ・ハレンスレーベン / 石津ちひろ（ブロンズ新社） p30, p122

●『ぞうのババール』ジャン・ド・ブリュノフ / 矢川澄子（評論社）

★『長ぐつをはいたねこ』ハンス・フィッシャー / 矢川澄子（福音館書店） p123

★『おおきなかぶ』内田莉莎子 / 佐藤忠良（福音館書店） p46, p124

★『てぶくろ』エウゲーニー・M・ラチョフ / 内田莉莎子（福音館書店） p125

●『きつねとうさぎ』Y・ノルシュテイン / F・ヤールブソワ / こじまひろこ（福音館書店）

●『きりのなかのはりねずみ』Y・ノルシュテイン / F・ヤールブソワ / こじまひろこ（福音館書店）

●『いばらひめ』エロール・ル・カイン / 矢川澄子（ほるぷ出版）

●『シンデレラ』シャルル・ペロー / エロール・ル・カイン / 中川千尋（ほるぷ出版）

●『キャッツ—ボス猫・グロウルタイガー絶体絶命』
T.S.エリオット / エロール・ル・カイン / 田村隆一（ほるぷ出版）

●『アラジンと魔法のランプ』
アンドルー・ラング / エロール・ル・カイン / 中川千尋（ほるぷ出版）

★『おおかみと七ひきのこやぎ』
フェリクス・ホフマン / 瀬田貞二（福音館書店） p38, p126

★『三びきのやぎのがらがらどん』
マーシャ・ブラウン / 瀬田貞二（福音館書店） p38, p127

★『すてきな三にんぐみ』トミー・アンゲラー / 今江祥智(偕成社) p20, p128

★『三びきのこぶた』瀬田貞二 / 山田三郎(福音館書店) p38, p129

★『3びきのくま』トルストイ / バスネツォフ / 小笠原豊樹(福音館書店) p130

★『はだかの王さま』
アンデルセン / バージニア・リー・バートン / 乾侑美子(岩波書店) p38, p131

★『にんぎょひめ』アンデルセン / 曽野綾子 / いわさきちひろ(偕成社) p31, p132

★『きたかぜとたいよう』蜂飼耳 / 山福朱実(岩崎書店) p38, p133

●『赤ずきんちゃん』グリム / いもとようこ(金の星社) p38, p39

●『アリとキリギリス』蜂飼耳 / かわかみたかこ(岩崎書店)

●『ウサギとカメ』蜂飼耳 / たしろちさと(岩崎書店)

★『ブレーメンのおんがくたい』
グリム / ハンス・フィッシャー / 瀬田貞二(福音館書店) p51, p134

●『ヘンゼルとグレーテルのおはなし』
グリム / バーナデット・ワッツ / 福本友美子(BL出版)

●『ねむりひめ』グリム / フェリクス・ホフマン / 瀬田貞二(福音館書店)

●『不思議の国のアリス』(とびだししかけえほん)ロバート・サブダ(大日本絵画)

●『シンドバッドの冒険』ルドミラ・ゼーマン 脇明子(岩波書店)

★『スーホの白い馬』大塚有三 / 赤羽末吉(福音館書店) p51, p135

●『ぼくの村にサーカスがきた』小林豊(ポプラ社)

★『王さまと九人のきょうだい』君島久子 / 赤羽末吉(岩波書店) p42

★『アリババと40人のとうぞく』小沢正 / 赤坂三好(小学館) p52, p53

●『ズーム、エジプトをゆめみて』
ティム・ウィンジョーンズ / エリック ベドウズ / えんどういくえ(ブックローン出版)

★『フェリックスの手紙』
アネッテ・ランゲン / コンスタンツァ・ドロープ / 栗栖カイ(ブロンズ新社) p51, p136

★『かいじゅうたちのいるところ』モーリス・センダック / 神宮輝夫(冨山房) p137

★『おしゃべりなたまごやき』寺村輝夫 長新太(福音館書店) p138

●『めっきらもっきら どおんどん』長谷川摂子 / ふりやなな(福音館書店)

★『寿限無』齋藤孝 工藤ノリコ(ほるぷ出版) p24, p139

★『かぐやひめ』舟崎克彦 / 金斗鉉(小学館) p140

★『つるのおんがえし』松谷みよ子 / いわさきちひろ(偕成社) p31, p40, p141

★『雪女』小泉八雲 / 伊勢英子 / 平井呈一（偕成社） p49

★『やまなし』宮沢賢治 / 田原田鶴子（小学館） p23, p142

★『いっすんぼうし』石井桃子 / 秋野不矩（福音館書店） p143

★『かさじぞう』松谷みよ子 / 黒井健（童心社） p144

★『ないたあかおに』浜田廣介 / 池田龍雄（偕成社） p145

★『わらしべちょうじゃ』杉山亮 / 高畠那生（小学館） p146

★『だいくとおにろく』松居直 / 赤羽末吉（福音館書店） p147

★『手ぶくろを買いに』新美南吉 / 黒井健（偕成社） p148

●『ごんぎつね』新美南吉 / 黒井健（偕成社）

★『モチモチの木』斎藤隆介 / 滝平二郎（岩崎書店） p35, p36, p149

★『花さき山』斎藤隆介 / 滝平二郎（岩崎書店） p37

★『蜘蛛の糸』芥川龍之介 / 遠山繁年（偕成社） p64, p150

★『走れメロス』太宰治 / 齋藤孝 / 竹内通雄（ほるぷ出版） p64, p65

★『吾輩は猫である』夏目漱石 / 齋藤孝 / 武田美穂（ほるぷ出版） p49, p151

●『外郎売』齋藤孝 / 長野ヒデ子（ほるぷ出版）

●『おくのほそ道』松尾芭蕉 / 齋藤孝 / 中谷靖彦（ほるぷ出版）

●『おっと合点承知之助』齋藤孝 / つちだのぶこ（ほるぷ出版）

●『馬の耳に念仏』齋藤孝 / はたこうしろう（ほるぷ出版）

★『ペンギンたんけんたい』斉藤洋 / 高畠純（講談社） p152

★『はじめてのおつかい』筒井頼子 / 林明子（福音館書店） p153

★『おしいれのぼうけん』古田足日 / 田畑精一（童心社） p154

★『はれときどきぶた』矢玉四郎（岩崎書店） p155

★『りんごかもしれない』ヨシタケシンスケ（ブロンズ新社） p156

★『ドン・キホーテ』ミゲル・デ・セルバンテス / 石崎洋司 / 村上勉（講談社） p157

★『ちいさいおうち』バージニア・リー・バートン / 石井桃子（岩波書店） p158

★『せいめいのれきし』
バージニア・リー・バートン / 石井桃子 / 真鍋真（岩波書店） p159

★『ギルガメシュ王ものがたり』ルドミラ・ゼーマン / 松野正子（岩波書店） p160

★『あいうえおの本』安野光雅（福音館書店） p161

★『はじめてであうすうがくの絵本』安野光雅（福音館書店） p162

1日15分の読み聞かせが
本当に頭のいい子を育てる

2020年6月4日　第1刷発行

著者　齋藤 孝
発行者　鉄尾周一

編集協力　柳沢敬法

ブックデザイン　坂川朱音
装画　いぬいかずと
写真　長谷川博一

発行所　株式会社マガジンハウス
〒104-8003
東京都中央区銀座3-13-10
書籍編集部　☎03-3545-7030
受注センター　☎049-275-1811

印刷・製本所　株式会社千代田プリントメディア

ISBN978-4-8387-3102-2 C0095

マガジンハウスのホームページ　http://magazineworld.jp/